국가 의무의 한계

THE LIMITS
OF STATE DUTIES
국가 의무의 한계

허버트 스펜서 지음 | 이상률 옮김

HERBERT SPENCER

이론비

허버트 스펜서

옮긴이의 말

이 책은 영국 사회학의 창시자 허버트 스펜서Herbert Spencer, 1820~1903가 쓴 『윤리학 원리The principles of Ethics』에서 '국가론' 부분(2권 4부 제23~29장[1])을 우리 말로 옮긴 것이다. 그리고 그의 논문 모음집 『사실과 논평Facts and Comments』에 있는 「자발적 개혁Spontaneous reform」[2]을 부록으로 실었다. 『사실과 논평』은 그가 죽기 1년 전에 마지막으로 출간한 저작이다.

『윤리학 원리』는 스펜서가 일생의 마지막 무렵에 출간한 책인데, 이때는 그가 『사회학 원리The Principles of Sociology』를

---

1) Herbert Spencer, *The principles of Ethics*, Indianapolis: Liberty Fund, 1978[1893], pp. 201~279.
2) Herbert Spencer, "Spontaneous reform", in *Facts and Comments*, London: Williams & Norgate, 1902, pp. 29~34.

쓰고 있었다. 하지만 그 당시 건강이 안 좋아 언제 죽을지 모른다는 생각에, 그는 그 집필 작업을 멈추고 『윤리학 원리』를 먼저 세상에 내놓았다. 이것은 그가 이 책에 얼마나 큰 중요성을 부여했는지를 잘 보여준다. 기본적인 내용은 그가 40여 년 전에 낸 『사회 정학$^{Social\ Statics}$』(1851)과 비슷하다. 『윤리학 원리』는 '동등 자유의 법칙' 관점에서 제시한 『사회 정학』의 내용을 진화론의 관점에서 다시 쓴 것이라고 볼 수 있다(동등 자유의 법칙$^{law\ of\ equal\ freedom}$이란 모든 사람은 만일 그가 다른 사람의 동등한 자유를 침해하지 않는다면, 그가 원하는 모든 것을 할 자유가 있다는 법칙이다).

이때 우리는 미국의 유명한 사회학자 조나단 터너의 다음과 같은 발언에 주목할 필요가 있다. "말년에 스펜서는 그의 초기 주요 저작인 『사회 정학』이 너무 많은 주목을 받았다고 불평하곤 했다. 그는 이 책을 그의 초기 도덕 철학의 윤곽을 잡기 위한 결점투성이 저작으로 여겼을 뿐, 결코 그의 성숙한 사고를 대표하는 것으로는 생각하지 않았다"[3]. 터너의 이러한 진술을 받아들인다면, 우리는 스펜서의 사상을 이해하고자 할 때 『사회 정학』보다는 『윤리학

---

3) 조나단 터너(외), 『사회학 이론의 형성』, 일신사, 2004, 86쪽.

원리』에 더 많은 비중을 두어야 할 것이다. 스펜서의 국가론을 다룰 때도 『윤리학 원리』에서 제시된 내용에 더 깊은 관심을 기울여야 할 것이다.

우선 스펜서는 역사적으로 볼 때 정부(국가)는 전쟁 때문에 생겨났다고 생각하였다. "전쟁이 없거나 없었던 곳에는 정부가 없다"(이 책 53~54쪽). 그렇다면 정부가 해야 할 첫 번째 역할은 군사적인 기능으로서 국가 방위이다. 외부의 침략자로부터 영토와 내부 구성원들의 생명 및 재산을 지키는 것이다. 두 번째 역할은 일차적인 기능에서 분화되어 서서히 확립되었는데, 그것은 집단 구성원들을 서로에게서 보호하는 것이다. 통치자는 피지배자들 간의 적대적인 대립과 충돌을 막아야 한다. 이는 구성원들 간의 갈등이 일으키는 사회 분열을 막기 위해서다. 따라서 그는 그들 사이에서 중재자 역할을 하며 사회 질서를 유지해야 한다. 스펜서는 정부의 첫 번째 기능은 부족 간의 정의를 지키는 것이며, 정부의 두 번째 기능은 개인들 사이의 정의를 지키는 것이라고 말하기도 한다(이 책 57쪽).

스펜서가 말하는 정의는 무엇인가? 그는 이 말을 두 가지 의미로 사용한다. 첫 번째 의미는 인간의 기본권을 보호하는 것이다. 이것은 외부의 적으로부터 집단 구성원의 생명과 재산을 지키는 것뿐만 아니라 집단 내부에서 강자가 약자의 권리를 침해하지 못하게 하는 것도 포함한다. 스펜서는 『사회 정학』에서 "국가의 의무는 동등 자유의 법칙을 시행하는—보호하는—것이다. 사람들의 권리를 지키는 것, 또는—우리가 보통 표현하는 것처럼—정의를 관리하는 것이다"[4]라고 말하였는데, 이 동등 자유의 법칙이라는 표현이 『윤리학 원리』에서도 완전히 사라지지 않고 여기 번역한 부분(23~29장)에서도 네 번이나 등장한 것을 보면 그는 첫 번째 의미의 정의를 여전히 고수했다는 사실을 알 수 있다.

두 번째 의미는 공적功績에 따른 분배이다. 공적은 생명이 필요로 하는 것을 얻은 성과를 뜻한다. 이때 각 개인은 자신의 행동에서 생겨나는 결과(즉 이익이나 손해)를 받아들여야 한다. 그렇다면 공적에 따른 분배라는 관념은 성과에 따른 보상의 불평등이라는 의미를 내포하고 있다. 스펜서는 이러한 의미의 정의가 국가 윤리가 되어야 한다고 주장하면서, 국가 윤리와 가족 윤리를 구분한다. 국가 윤리의 근본은 정의이고 가족 윤리의 근본은 관용이다. 그렇기 때

---

[4] Herbert Spencer, *Social Statics*, CA: San Bernardino, 2010, p. 229.

문에 한쪽의 원리가 다른 쪽을 침입하는 것은 단기적으로든 장기적으로든 해롭다. 특히 가족 윤리가 국가 윤리 속에 침입할 경우 나태함이나 방종이 사회에 만연한다. 따라서 그는 정부가 복지나 사회적인 선$^{\text{the social goood}}$을 행한다는 명분으로 시장에 개입하는 것을 반대하였다.

스펜서의 이러한 사상에 대해 논평할 때 많은 학자들은 그가 자유방임주의를 지지했다고 여겼다. 예를 들면 세계적으로 유명한 사회학자 루이스 코저는 말하였다. "아마도 그의 자유방임적 철학은 이 '국부론'의 저자[애덤 스미스]에게서 배웠을 것이다"[5]. 마찬가지로 조나단 터너도 스펜서의 정치사상이 자유방임주의라고 기술하고 있다("이런 식으로 그의 자유방임주의적 정치이념은 그가 건전한 과학적 입장으로 파악한 것에 그 토대를 두고 있다"[6]).

허버트 스펜서는 과연 자유방임주의자인가? 그는 1867년 8월 9일 존 스튜어트 밀(1806~73)에게 보낸 편지에서 자신의 입장을 분명하게 밝혔다. "나의 논지를 올바르게 구성하기 위해서는, 나에게는 국가 기능의 제한이 문제 중의 문제이며, 이에 비하면 다른 모든 정치 문제는 사소하

---

5) 루이스 코저, 『사회사상사』, 일지사, 1988, 179쪽.
6) 조나단 터너, 앞의 책, 87쪽.

다는 사실을 당신은 명심해야 합니다"[7]. 1871년에 발표한 글 「전문화된 행정Specialized Administration」에서는 이렇게 말하였다. "나는 개인들에 대한 그리고 개인들의 단체나 계급에 대한 국가의 억제력이 필요하다고 주장할 뿐만 아니라, 그것이 지금보다 훨씬 더 효과적으로 행사되어야 하고 또 훨씬 더 많이 실행되어야 한다고도 주장하였다"[8]. 그리고 같은 글에서 그는 정부의 활동을 적극적으로 규제하는 positively regulative 것과 소극적으로 규제하는 negatively regulative 것, 즉 자극하고 지도하는 stimulate and direct 활동과 단순히 억제하는 simply restrain 활동으로 구분하면서, 자신은 자유방임주의를 주장하지 않았다고 고백하였다. "그 말이 보통 시사하는 의미에서의 자유방임주의 정책을 주장하기는커녕, 나는 소극적인 규제로 구분할 수 있는 그런 종류의 보다 적극적인 통제 a more active control를 주장하였다. 내가 국가 활동을 다른 영역들에서 배제하라고 역설한 이유 중의 하나는 국가 활동이 그 고유의 영역에서 보다 더 효과가 있

---

[7] David Duncun, *Life and Letters of Herbert Spencer*, vol. Ⅰ, New York: D. Apleton and Company, 1908, p. 183.
[8] Herbert Spencer, "Specialized Administration", in *The Man versus The State with Six Essays on Government, Society, and Freedom*, Indianapolis: Liberty Classics, 1982, p. 455.

기 위한 것이다."⁹⁾ 그 후 그는 1884년에 발표한 「입법자의 죄The Sin of Legislators」에서 다음과 같이 썼다. "그러나 오늘날 그 [정부의] 전능함을 의심하는 사람에게 가해지는 가장 나쁜 벌은 그를 자유방임주의를 말하는 반동분자로 매도하는 것이다."¹⁰⁾ 죽기 1년 전의 발언이다. "다른 영역과 같이 위생 영역에서도 개인들에 대한 공적인 통제가 필요하다. 쓰레기를 함부로 버리는 것은 이웃 사람이나 일반 사람들에 대한 침해이기 때문이다. 도시에서는 길과 포장도로의 관리가 공공 당국에 의해 분명하게 행해져야 한다. 하수 오물도 마찬가지이다."¹¹⁾

지금까지의 여러 진술을 종합하면, 우리는 그가 많은 학자들이 말하는 바와 같은 자유방임주의자가 아니었다는 것을 알 수 있다. 확실히 그는 시장 개입을 최소화하고 국방과 외교, 치안 등의 질서 유지만 맡는 최소 국가minimal state를 지지하지 않았다. 그는 행정의 전문화를 통해 정

---

9) *ibid*, p. 480.
10) Herbert Spencer, "The Sin of Legislators", in *The Man versus The State with Six Essays on Government, Society, and Freedom*, Indianapolis: Liberty Classics, 1982, p. 89.
11) Herbert Spencer, "Sanitation in theory and practice", in *Facts and Comments*, London: Williams & Norgate, 1902, p. 157.

부 활동의 효율성을 높이는 제한된 국가limited state를 주장하였다. "비본질적인 기능을 수행하는 데 주의력과 정력을 빼앗김으로써 본질적인 기능의 수행은 그 자체가 더욱 부실해진다 (…) 따라서 우리가 부실하게 수행되는 기능이 늘어나는 것을 피하고 싶든 또는 본질적인 기능이 더 잘 수행되게 하고 싶든 간에, 필요한 것은 똑같다: 제한limitation"(이 책 108~109쪽).

스펜서는 정부의 기능을 제한해야 할 이유가 효율성의 증대 이외에도 또 있다고 보았다. "정부의 활동 범위를 제한해야 할 많은 이유 중에서 가장 강력한 것은 아직 말하지 않았다. 정치인이 다른 모든 목적보다 더 고귀하다고 염두에 두어야 할 목적은 성격의 형성이다. 그리고 형성되어야 할 성격에 대해서 또 그런 성격을 만들어낼 수단에 대해서 올바른 견해를 갖는다면, 그 속에는 국가 기관을 늘어나지 않게 해야 한다는 의미가 반드시 들어 있다"(이 책 135쪽). 정부의 간섭이 늘어나면 개인들은 자율성을 잃어버리며, 결국은 자신들의 행동에 대한 책임감과 자립심도 없어지게 된다. 개인들은 수동적이 되어 각자가 바라는 것을 자유로운 계약이나 자발적인 협동을 통해서가 아니라 정부 기관을 통해 얻으려고 한다. 즉 원하는 목적을 정부의 강압적인 힘을 통해 달성하려는 성향이 생겨난다. 이러한 성향이 강해지고 사회에 만연하면서 야기되는 개인의 무력화無力化를 그는 역사의 퇴보로 보았다.

  스펜서에 따르면 문명의 가장 위대한 진보는 정부 활동의 산물이 아니라 사람들의 일상 생활에서 이루어지는 진화의 산물이다. 진보는 입법이나 강제에서 생겨나는 것이 아니라 사적인 이익이나 생계유지 욕구에 부추겨진 사람들의 자발적인 협동에서 생겨난다. 그런데 그는 사회가 진화하면 할수록 그 사회는 도덕적으로도 우월해질 것이며, 인간이 도덕적으로 향상되면 악이 사라질 것이라고 믿었다. 그가 정부의 명령이나 강압에 의한 개선보다 개인들의 자발성에 의한 개혁을 주장한 것도 그 때문이다. 따라서 부록으로 실은 「자발적 개혁」은 스펜서의 국가 개혁론이라고 할 수 있는 국가 의무의 한계 이론과 사상적인 연속성 속에 있는 만큼, 그의 국가 철학을 이해하고자 할 때 보조적인 도움을 줄 것이다.

2021년 3월

이상률

차례

옮긴이의 말	5
제1장 국가의 성질	17
제2장 국가의 정체	29
제3장 국가의 의무	51
제4장 국가 의무의 한계 ①	75
제5장 국가 의무의 한계 ②	95
제6장 국가 의무의 한계 ③	111
제7장 국가 의무의 한계 ④	135
부록 자발적 개혁	153

* 본문의 각주는 모두 옮긴이 주이다.
* [ ] 안의 내용은 이해를 돕기 위해 옮긴이가 간략히 덧붙인 설명이다.

제1장

국가의 성질

국가는 어느 경우에나 똑같은 성질을
지녔다고 가정하며 시작하는 정치적 성찰은
심히 잘못된 결론으로 끝날 수밖에 없다.

1

일반적인 진화를 연구하면 우리는 사물의 성질이 결코 고정되어 있지 않다는 진실과 친숙해진다. 사물의 정체성이 바뀌지 않으면서, 그 성질이 변하는 일이 종종 있다. 성운의 회전 타원체와 (이것이 최종적으로 뭉쳐 생겨난) 단단한 행성 간의 차이는 어디에서나 나타나는 차이보다 더 크지 않다.

실제로 유기체 세계에서는 이러한 성질의 변화가 보편적이다. 폴립[1]은 일정 기간 정착 생활을 한 다음 갈라지는

---

1) 폴립Polyp: 강장腔腸동물(무척추 다세포 동물로서 아직 기관의 세분화가 덜 된 하등 동물)의 기본적인 체형으로, 몸은 원통형이고 입으로 취

데, 단편적인 조각들은 하나씩 떨어져 나가 자유롭게 떠도는 해파리가 된다. 고리처럼 둥근 모양의 작은 유충은 한동안 물 속에서 활발하게 돌아다니다가 물고기에 달라붙는다. 그것은 운동 기관을 잃어버리고 기생해서 영향을 섭취하기 때문에, 위胃와 알주머니 정도의 모습만 나타낸다. 또 다른 유충은 초기에는 떠돌다가 바위에 자리를 잡는다. 그것은 보통 도토리 모양의 껍질 같은 것이 되어, 주위의 물 속에서 아주 작은 생물을 삼키면서 산다. 작은 벌레 모양의 유충은 물 속에 오래 살면서 영양을 섭취한다. 그것은 한동안 쉰 다음 마침내 번데기 껍질을 벗고 각다귀[2] 형태로 날아오른다. 한편으로는 구더기, 쉬파리, 굼벵이, 나방이 있는데, 이것들의 경우는 일상 생활에서 경험하기 때문에 매우 친숙하다. 그러나 이러한 변태 중에서 가장 이상하고 극단적인 것은 몇몇 하위 수생 조류藻類가 나타내는 변태이다. 이것들은 짧은 기간 활발하게 움직이면서 동물 성격을 나타내다가 곧이어 정착해서 싹을 틔우며 식물이 된다.

  셀 수 없을 정도로 많을 뿐만 아니라 놀랄 정도로 다양

  한 먹이는 강장에서 소화되고 소화되지 않은 것은 다시 입을 통해 배출된다. 폴립과 해파리는 형태상 근본적인 차이가 없다.
2) 각다귀gnat: 다리가 길며 몸이 가늘고 모기와 비슷하게 생긴 곤충.

하기도 한 이러한 사실들을 깊이 잘 생각하면, 어디에서나 다음과 같은 암묵적인 가정에서 생겨날 수 있는 오류를 피할 수 있다: 사물의 성질은 변함이 없었고, 지금도 변함이 없으며 언제나 변함이 없을 것이다. 이와 반대로 그러한 사실들을 깊이 잘 생각하면, 우리는 성질의 변화—매우 근본적일 수 있는 변화—를 예상하게 될 것이다.

2

올바른 국가 관념은 하나밖에 없다고 모든 사람이 암묵적으로 생각하고 있다. 그렇지만 사회가 진화한다는 진실을 인정할 뿐만 아니라 일반적인 진화가 가르치는 교훈도 배운다면, 우리는 아마도 국가는 장소와 시간에 따라 본질적으로 다른 성질을 지녔다고 추론할 것이다. 이러한 추론이 사실이라는 것은 곧 명백해질 것이다.

주로 모계로 특징지어지는 초기 유형에 대해서는 신경 쓰지 않겠다. 먼저 가족과 사회 사이의 중간 성격을 지닌 집단—가부장제 집단—을 고찰해보자. 유목민 무리에서 볼 수 있는 것처럼 이 가부장제 집단이 형성하는 사회에서는 개인들 서로 간의 관계, 개인들과 공동 우두머리 간의 관계, 개인들과 공동 재산 간의 관계가 오늘날의 정치 통일체의 성질과는 상당히 다른 성질을 합병된 전체의 구조와 기능에 가져온다. 그러한 집단이 —인도에서 볼 수 있는 것처럼— "내부 행정을 위해 공무원이라는 전담 직원"을 둘 수 있는 마을 공동체로 발전하더라도, 결합한 사람들 간의 (모든 관계가 그렇지는 않더라도) 대부분의 관계는 그 집단에 공동의 성질을 생기게 한다. 그렇지만 이 성질은 혈연 유대가 더 이상 지배적인 요인이 아닌 사회의 성질과는 확연히 다르다.

우리가 더 높은 구성 단계로 올라가서 그리스처럼 친척 관계에 있는 사람들의 무리가 연합한 공동체를 바라보면, 다양한 가족의 구성원들 즉 부족이나 씨족은 서로 섞여 있어도 그들의 정체성을 잃어버리지 않는다. 그리고 그 각각의 무리는 서로 독립되어 종종 대립하지만 공동의 이해 관계를 갖고 있다. 이 공동체들의 성질이 전체적으로 현대 공동체의 성질과 크게 다르다는 것은 부인할 수 없다. 이 현대 공동체에서는 그것을 구성하는 무리들의 완전한 융합으로 인해 원초적인 경계선이 파괴되었으며, 이와 동시에 —가족 무리가 아니라— 개인이 정치의 구성 단위가 되었기 때문이다.

다시 한 번 신분 체제와 계약 체제 간의 차이를 상기하면, 우리는 그렇게 해서 형성된 두 종류의 정치 통일체의 성질이 본질적으로 다르다는 것을 보게 된다. 여러 고대 사회에서는 "종교와 정치의 구속력이—때로는 결합해서 때로는 제각기—모든 사람의 생활 방식, 믿음, 의무, 사회에서의 위치를 결정했으며 개인 자신의 의지나 이성에게는 어떤 활동의 여지도 남겨 놓지 않았다." 그러나 우리 사회에서는 종교도 정치도 그런 구속력이 없다. 또한 어떤 개인에게도 인생에서 미리 정해진 지위나 경력은 없다.

이런 사실들을 볼 때 합리적으로 생각하면 우리는 모든 국가의 성질이 통일되어 있다고 추정할 수 없다. 우리는 아리스토텔레스가 자신이 아는 사회들로부터 이끌어낸 일반적인 국가관이 여전히 유효해 오늘날에도 길잡이 역할을 할 수 있다고는 결코 생각하지 않는다. 그것은—십중팔구—지금 적용할 수 없을 뿐만 아니라, 만일 받아들이면 그것이 우리를 잘못 이끌 것이라고도 우리는 결론지을 수 있다.

3

사회의 성질을 비교하지 말고 사회의 활동을 비교하면, 우리는 이러한 진실을 더욱더 명심할 것이다. 사회가 수행하는 여러 종류의 생활을 관찰해보자.

진화는 점진적인 이행을 뜻하기 때문에, 합병된 인간 단체들은 서로 아주 다르더라도 뚜렷하게 구분할 수 없다. 그러나 이러한 제한 조건을 명심한다면, 사람들이 처음에는 떠돌아다니는 가족으로 흩어져 있다가 밀접하게 결합하는 데에는 세 가지 분명한 목적이 있다고 말할 수 있다. 동료로 사귀고 싶은 욕망이 그 하나의 목적이다. 사회성은—보편적인 특징이 아니더라도—집합체에 이르는 인간 존재들의 일반적인 특징이다. 두 번째 목적은 (동물이든 인간이든 또는 이 둘 모두이든 간에) 적에 대항해서 연합 행위를 할 필요성—즉 때로는 외부의 공격에 대항하기 위해, 때로는 외부를 공격하기 위해 협력할 필요성—이다. 달성해야 할 세 번째 목적은 상호 부조를 통해—즉 육체적인 욕구와 마침내는 정신적인 욕구를 더 잘 만족시키기 위한 협동을 통해—생계 유지를 용이하게 하는 것이다. 대부분의 경우 결합은 세 가지 목적 모두에 도움이 된다. 그렇지만 이 세 가지 목적은 이론적으로는 구분할 수 있을 뿐만 아니라, 그 각각의 목적이 개별적으로도 예증된다.

에스키모인들은 겨우 친교 욕망만 만족시키는 사회 집단을 형성한다. 그런 집단을 각각 구성하는 사람들은 제각기 독립되어 있다. 외부를 공격하거나 외부로부터 방어하기 위해서 연합할 필요가 없기 때문에, 그들은 전쟁 지도자를 필요로 하지 않는다. 그래서 그들은 정치적 통치가 없다. 각자에 대해 사용되는 단 하나의 통제 수단은 동료들이 표명하는 의견이기 때문이다. 어떠한 분업도 없다. 일의 협력은 각각의 가족에서 남편과 아내 간의 협력에 한정된다. 그들의 사회에는 그 부분들의 병렬에서 생겨나는 것 이외의 다른 결합이 없다. 상호 의존은 없다.

두 번째 목적에 따른 부류의 집단은 무수히 많다. 순수한 형태의 예는 일반적인 수렵 부족이 제공한다. 이 수렵 부족은 동물 사냥과 전쟁을 번갈아 수행한다. 해적질을 하는 부족이나 마사이족[3]처럼 이웃을 습격해 먹고 사는 부족도 그 예를 제공한다. 그러한 공동체에서는 분업이 — 존재한다면 — 초보적인 것에 불과하다. 협동은 외부로부터의 방어와 외부에의 공격을 수행하기 위해 있다. 내부에서의 생계 유지를 위한 협동은 거의 이루어지지 않는다. 그렇지만 정복으로 형성된 큰 사회가 있다면 근로 협동이 시작되고 이 협동은 사회가 커질수록 늘어난다. 그래도 노예나 농노

---

[3] 마사이Masai족: 아프리카 동부 케냐와 탄자니아 경계의 초원 지대에서 소와 양의 목축을 주업으로 해서 살아가는 소수 부족.

에 의해 행해지고 주인의 감독을 받는 이 협동만으로는 공동체의 본질적인 성격이 바뀌지 않는다. 이 성격은 한 집단이 다른 집단에 대항해서 공동 행위를 수행하기 위해 적응한 것에서 생겨났다. 구성 단위들의 생명은 전체의 생명을 보존하는 데 (어떤 경우에는 확대하는 데) 필요한 정도에 따라 그 중요도가 정해진다. 이러한 종속을 유지하지 못하는 부족이나 국민은 ─ 다른 조건이 똑같다고 하면 ─ 그러한 종속을 유지하는 부족이나 국민에게 밀려 사라질 수밖에 없다. 따라서 그러한 종속은 ─ 적자 생존에 의해 ─ 확립된 특징이 된다. 전쟁이 일상의 일이라는 ─ 이 유형에 어울리는 ─ 명백한 가정은 각 개인이 공동체에 예속되어 있다는 (즉 그리스인들이 생각한 것처럼, 시민은 그 자신이나 그의 가족에 속하지 않고 그의 도시에 속한다는) 믿음과 잘 어울린다. 그리고 집합체의 권리가 이처럼 개인의 권리를 흡수해버리는 것과 집합체가 자신의 목적에 맞도록 만들기 위해 개인에게 행사하는 강제는 당연히 잘 어울린다. 개인은 그를 국가의 훌륭한 전사나 훌륭한 하인으로 만드는 데 필요하다고 여겨지는 그런 가르침, 훈련과 통제를 받는다.

  세 번째 부류의 사회들을 만족스러운 방식으로 예시할

수는 없다. 그것들이 완전히 발전한 형태는 아직 존재하지 않기 때문이다. 파푸아[4] 섬의 일부나 주위에 호전적인 종족들이 살 수 없을 만큼 말라리아가 창궐하는 인도의 몇몇 지역에서는 아주 평화적인 부족들이 조금 있는 것을 볼 수 있는데, 이 부족들은 부적당한 환경 때문에 큰 산업사회로 발전하지 못했다. 보도족[5], 디말족[6], 코흐족[7]과 그 밖의 원주민들은 농업으로 살며 열 가구에서 사십 가구의 마을을 이룬다. 이들은 오랫동안 있었던 지역이 피폐해지면 새로운 지역으로 옮겨간다. 그들은 양성 간의 분업만 행하고 집을 짓거나 작은 구획의 땅을 개간할 때 상호 부조를 행하는 것 이외의 다른 협동은 행하지 않는다. 일반적으로 말하면, 정복으로 작은 공동체들을 합병해 더 큰 공동체를 만들어낸 다음에는 여러 산업에 종사한 사람들 사이에서 상호 의존이 커질 기회가 생겨난다. 그러므로 아주 오랫동

---

[4] 파푸아Papua: 인도네시아 동쪽 끝, 뉴기니 섬 서남부를 차지하고 있는 지역.
[5] 보도Bodo족: 인도의 북부 아삼 지방에 사는 티베트-미얀마 어계의 종족.
[6] 디말Dhimal족: 네팔의 남부 테라이 지역에 사는 지나-티베트 어계의 종족.
[7] 코흐Kocch족: 인도의 북동부 지역에 사는 티베트-미얀마 어계의 종족.

안 산업 조직은 군사 조직을 보조하는 것에 불과했으며, 그 본질적인 성질을 펼치지는 못했다. 그러나 오늘날 분명해진 것은 현대의 가장 발전한 국민들이 과거 대다수 국민들의 조직 원리와는 근본적으로 다른 원리에 따라 조직되었다는 사실이다. 유럽을 휩쓴 최근의 퇴행적인 변화를 무시하고 고대나 중세 사회를 현재의 사회, 특히 영국이나 미국의 사회와 비교한다면, 근본적인 차이가 보인다. 고대와 중세 사회에서는—대체로 말하면—자유인은 모두 전사이며, 근로는 노예와 농노에게 맡겼다. 그러나 우리 시대의 사회에서는 소수의 자유인이 전사인 반면에, 대다수의 사람은 생산과 분배에 종사하고 있다. 고대와 중세 사회에서는 수많은 사람들이 강제로 전사가 되었지만, 우리 시대의 사회에서는 비교적 소수의 사람들이 동의 하에 전사가 된다. 그러므로 분명하게도 본질적인 차이는 다음과 같은 것이다: 고대와 중세 사회에서는 집합체가 그 구성 단위들에게 많은 강제를 행사하지만, 우리 시대의 사회에서는 집합체가 행사하는 강제는 작고 이 강제는 호전성이 감소하면서 줄어드는 경향이 있다.

  이 차이를 가장 낮은 수준에 한정해서 논한다면, 그 차이는 무엇을 의미하는가? 어느 경우든 법인 자격의 사회, 즉 국가에 의해 달성되어야 할 목적은 그 구성 단위들의 복리이다. 왜냐하면 집합체로서의 사회는 감각성[8]이 없어, 사회의 보존은 개인의 감각성을 돕는 한에서만 절실히 요구되는 것이기 때문이다. 사회는 개인의 감각성을 어떻게 돕는가? 첫째, 개인의 삶에 간섭하지 않는다. 첫 번째 단계에서는 외부의 적에 의해 그 구성원들이 죽거나 상해를 입지 않도록 하는 것이 합병된 사회의—목적 전부는 아니더라도—주된 목적이다. 이를 위해서는 필요한 만큼 그 구성원들을 강제하는 것이 윤리적으로 용납된다. 마지막 단계에서는 내부에서의 침해에 의해 그 구성원들이 죽거나 상해를 입지 않도록 하는 것이 합병된 사회의—목적 전부는 아니더라도—주된 목적이다. 그리고 강제의 윤리적인 근거는 내부에서의 침해를 막는 데 필요한 것을 결코 넘어서지 못한다.

4

지금은 이 기능에 다른 기능들을 덧붙일 수 있는지를 살펴볼 때가 아니다. 우리의 주제는 국가의 성질에 한정되어

---

[8] 감각성sentiency: 자극 따위를 느껴 깨닫는 성질.

있기 때문에, 우리에게는 두 사회 유형 간의 근본적인 차이를 관찰하는 것만이 중요하다. 강조해야 할 진실은 다음과 같은 것이다: 다른 정치 통일체에 영향을 끼치고 또 이를 위해 그 구성 단위들의 연합된 무력을 사용해야 하는 정치 통일체는 자신의 구성 단위들에만 영향을 끼치는 정치 통일체와는 근본적으로 다르다. 그러므로 다음과 같은 결론이 나온다: 국가는 어느 경우에나 똑같은 성질을 지녔다고 가정하며 시작하는 정치적 성찰은 심히 잘못된 결론으로 끝날 수밖에 없다.

또 하나의 함의가 지적되어야 한다. 진보적인 변화와 퇴행적인 변화, 즉 사회를 어느 때는 한 유형에 접근시키고 또 어느 때는 다른 유형에 접근시키는 변화는 과거의 오랜 기간 있었고, 오늘날에도 있으며, 앞으로의 무한한 시간 동안 있을 것이다. 이 두 유형은 혼합되는 동시에 명백한 경계가 없다. 따라서 국가의 성질에 관해 애매하면서도 변덕스러운 믿음이 퍼져나갈 수밖에 없을 것이다.

제2장

국가의 정체

> 시민은 국가가 필수 기능을 경제적으로 수행하기를 바라되 불필요한 기능을 맡는 것은 반대할 것이다.

1

목적의 차이는 대개 수단의 차이를 뜻한다. 어떤 구조가 하나의 목적에 가장 적합하다고 해서, 그것이 다른 목적에도 가장 적합할 것 같지는 않다.

그 구성 단위들의 생명을 보존하기 위해서는 그리고 정복되지 않은 민족들이 보통 지닌 자유(즉 삶의 목적을 추구할 자유)를 유지하기 위해서는, 사회가 공동의 행위를 통해 주로 주변 사회들과 교류해야 한다. 그러므로 사회의 조직은 효과적으로 결합된 그 구성 단위들의 힘을 특정한 시간과 장소에서 발휘할 정도가 되어야 한다. 그 구성 단위들은 협력하지 않고 활동하게 된다면 곧 정복당할 것이다.

일치된 행위를 낳으려면 그것들은 지휘를 받아야 한다. 이러한 지휘에 대한 복종은 강제로 확보될 수밖에 없다. 강제력을 행사하는 기관은 일관된 명령을 내려야 한다. 그리고 이를 위해서는 명령이 단일 권위에서 나와야 한다. 호전형militant type[군사형]의 발생을 추적하면(『사회학 원리 Principles of Sociology』 547~561절을 보라), 어쩔 수 없이 다음 결론에 이른다: 한 사회가 다른 사회들에 대항해 효율적으로 대외 행위를 하려면 중앙 집권화가 필요하다. 그리고 그러한 대외 행위가 습관이 될수록 중앙 집권화의 확립은 더욱더 결정적인 것이 된다. 전투 부대 자체뿐만 아니라 이것을 유지하는 공동체도 전제적인 통치에 복종하게 된다. 집합체의 의지는—그것이 서서히 발전시킨 통치 권력을 통해—그 개인 구성원들의 의지를 무시하거나 거의 억압한다. 이 개인 구성원들은 집합체의 의지가 관대하게 허용하는 권리만 보유할 뿐이다.

그러므로 호전성이 지배하는 한, 국가의 정체는 보통 시민이 독재 군주나 소수의 독재자(독재 군주는 이들 중에서 계속 나타나는 경향이 있다)에게 복종하는 것일 수밖에 없다. 우리가 처음에 본 것처럼, 그러한 복종은—이에 수반되는 자유의 상실이나 우발적인 생명의 상실과 함께—방어 전쟁 때문에 필요한 때는 유사윤리적으로 정당한 이유가 있다. 부분적인 권리 정지가 정당할 수 있는 것은 그 목적이 죽음이나 복종에서 생기는 완전한 권리 말소나 상실을 막는 것일 때이다. 그렇지만 보통 호전형[군사형] 사회는 방어 전쟁보다는 공격 전쟁에 의해 더 잘 발전된다. 그리고 이 경우에 수반되는 국가의 정체는 윤리적으로 정당한 이유를 갖고 있지 않다. 우월한 인종이 정복해 열등한 인종을 밀어내는 것이 바람직하더라도, 따라서 초기 단계에서는 침략 전쟁이 인류의 이익에 도움이 되더라도, (전에 말한 것처럼) 그런 이익을 이러한 방식으로 돕는 것은 열등한 생물들 사이에서의 생존 투쟁이 일반적으로 생명에 도움이 되는 것과 동등한 것으로 분류되어야 한다.

여기에서 특별히 언급해야 할 것은 다음과 같은 사실이다: 주위 여건이 한 사회가 다른 사회들에 의해 물리적으로 위협받는 것이라면 아직은 상대적으로 옳은 강압적인 정체가—그것이 절대적으로 옳은 것과는 거리가 멀다 하더라도—그 사회에 필요하다. 그것은 환경이 허용하는 가장 작은 악이다.

2

 중간 형태는 무시하고 호전형에서 (완전히 발전했다고 간주되는) 산업형industrial type으로 넘어가면, 우리가 알다시피 전혀 다른 국가의 정체가 필요하다. 어느 경우에나 목적은 똑같다. 생명과 그것의 활동을 수행할 수 있는 조건들을 지키는 것, 그러나 이러한 조건들을 외부의 적으로부터 지키는 것과 내부의 적으로부터 지키는 것은 매우 상이한 두 기능인데, 이 두 기능은 아주 다른 기구를 요구한다. 그 차이를 살펴보자.

 전자의 경우에서는 위험이 직접적으로는 공동체 전체의 것이고, 간접적으로는 개인들의 것이다. 그렇지만 후자의 경우에서는 위험이 직접적으로는 개인들의 것이고, 간접적으로는 공동체 전체의 것이다. 전자의 경우에서는 위험이 크고 집중되어 있으며, 처음 발생할 때는 국지적이다. 그렇지만 후자의 경우에서는 위험이 다수이고 작으며 분산되어 있다. 전자의 경우에서는 공동체의 모든 구성원이 동시에 상해 위협을 받는다. 그렇지만 후자의 경우에서는 위협받거나 경험하는 상해가 때로는 한 사람, 때로는 다른 사람의 것이다. 그리고 시민은 한때는 공격받지만 다른 때는 공격자가 된다. 그리고 전자의 경우에서는 거대한 해악이—일단 물리치면—적어도 한동안은 더 이상 두렵지 않다. 그렇지만 후자의 경우에서는 없애야 할 해악이 작더라도 끊임없이 발생한다. 그러므로 분명한 사실은 다음과 같다: 상이한 기능을 지녔기 때문에, 사용되는 정치 기구가 달라야 한다.

살인, 도둑질, 사기를 막는 데에는 군대가 필요없다. 군대는—이것을 이용하더라도—도처에서 드문드문 일어나는 범죄를 처리할 수 없을 것이다. 나쁜 짓을 막거나 처벌하는 데 필요한 행정은 분산되어야 한다. 그 활동은 가끔 행해지는 것이 아니라 계속 이루어져야 한다. 그러나 군사 목적에 필요한 대규모의 연합된 무력이 없을 경우에는 강압적인 정부가 필요하지 않다. 이 강압적인 정부만이 연합된 무력을 사용할 수 있기 때문이다. 이에 반해 다른 시민들로부터 각 시민의 권리를 지키기에 알맞을 뿐만 아니라 또한 그 자신이 시민들을 대할 때도 이들의 권리를 존중하는 정부가 필요하다.

국가의 적절한 정체는 무엇인가? 언뜻 보면 이러한 생각이 든다: 모든 시민은 (자신은 공격자가 아니라고 생각하기 때문에) 생명과 재산의 보존, 계약의 이행, 모든 소소한 권리의 강화에 관심이 있기 때문에, 국가의 정체는 각각의 시민이 동등하게 그의 동료들과 권력을 공유하는 것이어야 한다. 다음의 사실은 부정하기 어려운 것 같다: 동등 자유의 법칙에 따라 사람들이 자신들에게 보장된 동등한 권리를 갖겠다고 요구한다면, 그들은 그러한 권리를 보장하는 기관을 지정함에 있어서도 동등한 권력을 지녀야 한다.

끝에서 두 번째 장[1]에서는 이것이 [동등 자유의 법칙의] 정당한 결과가 아님을 보여주었다. 여러 사례가 분명하게 보여주는 바는 수단이 좋다고 해서 바라는 목적을 달성하는 것은 아니라는 사실이다. 여기에서는 왜 그 수단이 바라는 목적을 달성하지 못하는지를 보아야 한다.

3

인간의 행동에 관한 진실 중에는 다음의 사실보다 더 확실한 것이 없다: 사람들은 평균적으로 그들의 이해 관계, 더 정확히 말하면 그들의 표면적인 이해 관계에 좌우된다. 이러한 일반적인 경향 때문에, 정부 자체가 필요하다. 그리고 의회의 모든 법령은 이 일반적인 경향의 해로운 효과를 제거하기 위한 조항을 만든다. 그러한 경향이 얼마나 보편

---

1) 『윤리학 원리』 제2권 4부 22장 「소위 정치적 권리Political Rights-So Called」.

적으로 작용하는지 또 얼마나 보편적으로 인정받고 있는지는 모든 유언, 모든 임대차 계약, 모든 계약이 증명한다.

정부 운영의 형태는 불가피하게 이러한 경향에 의해 결정된다. 정치 기구를 구성하는 사람들이나 직접적으로든 간접적으로든 이들을 지명하는 사람들에게도—다른 모든 사람들의 경우와 마찬가지로—해당되는 것은 그들이 표면적인 이해 관계에 좌우된다는 사실이다. 모든 나라의 법은 무수히 많은 증거를 제공한다. 따라서 우세한 권력을 지닌 자들이 이 권력을 자신들에게 유리하게 사용하곤 한다는 것을 역사는 결정적으로 보여주었기 때문에, 모든 사람의 이익을 보장하는 유일한 방법은 모든 사람에게 권력을 부여하는 것이라고 사람들은 단정하였다. 그러나 오류는 명백해지고 있다.

한 세대 전에 정치 권력의 폭넓은 확산을 선동하는 일이 활발했을 때, 연설가들과 저널리스트들은 매일 귀족층의 '계급 입법'을 비난하였다. 그러나 다음의 진실에 대한 인식은 없었다: 그 당시에 최고의 힘을 지닌 계급 대신에 또 하나의 계급이 최고의 힘을 지녔다면, 낡은 계급 입법 대신에 새로운 계급 입법이 생겨날 것이다. 그렇게 되었다는 것을 하루하루가 증명한다. 한 세대 전에는 지주와 자본가가 공공 제도를 이용해 자신들은 편리를 누리고 다른 사람들을 심하게 윽박지른 것이 사실이라면, 오늘날에는 수공업자와 노동자가―이들의 명령대로 해야 하는 대표자들을 통해―다른 사람들이 손실을 보고 자신들은 이익을 얻는 방식으로 사회 체계를 빠르게 개조하고 있다는 것도 마찬가지로 사실이다. 해마다 의회는 지방세와 일반세를 지불하는 사람들의 비용으로 무료 이익인 것처럼 보이는 혜택을 제공하기 위해 점점 더 많은 공공 기관을 세우고 있다. 그리고 다수의 국민은 혜택은 받고 공공 기관 유지 비용은 면제받기 때문에, 그들은 공공 기관을 늘리라고 주장한다.

그러므로 모든 사람이 정치 권력을 소유한다고 해서 모든 사람에게 정의가 보장되는 것은 아니다. 이와 반대로 경험은―예상할 수 있었던 대로―투표권의 보편적 배분으로 다수의 계급이 확실히 이익을 얻고 소수의 계급은 손해를 본다는 것을 보여준다. 효율적인 행위가 우수한 사람들에게 가져다주는 높은 소득 모두가 그들의 수중에 들어가지 않게 하고 그 일부를 어떤 간접적인 방법으로 떼어내서 부지런하지 못한 사람들이나 유능하지 못한 사람들의 낮은 소득을 보충한다. 그리고 이것이 행해지는 한, 동등 자유의 법칙을 위반할 수밖에 없다. 분명한 것은 다음의 사실이다: 공정이 완전히 실현되는 산업형 사회에 적합한 국가의 정체는 개인들의 대표가 아니라 이해 관계의 대표를 확립해야 할 것이다. 사회 유기체의 건강과 그 구성원들의 복리를 위해서는 기능들의 균형이 필요하다. 그리고 이 균형은 각각의 기능에 그 직원 수에 비례한 권력을 주어서는 유지될 수 없다. 상이한 기능들의 상대적인 중요성은 그 기능들을 수행할 때 차지한 구성 단위들의 수로 측정되지 않는다. 그러므로 일반적인 복리는 정치 통일체의 다양한 부분에 그 크기에 비례한 권력을 주어서는 달성하지 못할 것이다.

4

계급들에게 그들이 오용한 권력을 주지 않고 개인들에게 동등한 정치 권력을 줄 수 있는 사회 형태가 장차 생겨날 것인가는 대답할 수 없는 질문이다. 어쩌면—현재 실제로는 아니더라도 이론적으로는—고용주와 고용자의 구분을 없애는 협동조합들이 발전한 덕분에, 산업형은—적대적인 계급 이해 관계가 존재하지 않거나 상당히 완화되어—사태를 매우 복잡하게 만들지 않는 사회 제도를 생겨나게 할지도 모른다. 그리고 아마도 다가오는 시대에는 다른 사람들의 이익을 존중하기 때문에 자신의 이익을 부당하게 추구하는 것이 상당히 억제될 것이다. 정치 권력이 동등하게 배분되면, 눈에 띨 정도의 계급 입법이 생겨나지 않을 것이다. 그러나 우리는 다음의 진실을 인정해야 한다: 지금 존재하고 또 오랫동안 존재할 인류에게는 소위 동등한 정치 권리의 소유가 엄밀한 의미에서의 동등한 권리의 유지를 보증하지는 않을 것이다.

게다가 상대적인 윤리가 정당화하는 국가의 정체는—또 하나의 이유 때문에—절대적인 윤리에 의해 정당화되는 것과 상당히 달라야 한다. 현존하는 문명 사회에 적합한 정부 형태는 과도기 형태일 것이다. 우리의 주장이 시종일관 암시한 바와 같이, 호전성을 지향하는 국가의 정체는 산업주의를 지향하는 국가의 정체와는 근본적으로 다를 것이다. 전자의 단계에서 후자의 단계로 넘어가는 동안에는 혼합된 형태들의 정체를 거쳐야 한다(이 혼합된 형태들은—뜻밖의 사건들이 결정하는 대로—때로는 일련의 이런 요구에 맞추고 때로는 일련의 저런 요구에 맞추는 가변적인 것이다). 왜냐하면—내가 다른 곳에서(『사회학 원리』 547-575절) 보여준 것처럼—만일 우리가 더 이상 변하지 않는 사회 조직을 발전시킨 비⾮진보적인 유형의 인류는 제쳐놓고 개인적으로나 사회적으로나 여전히 진화하고 있는 유연한 유형의 인류에 주의를 집중한다면, 어느 쪽이든 그 유형의 사회적 행위가 증가해 곧 구조의 변화가 일어나기 시작한다는 것을 우리는 보기 때문이다.

그러므로 우리는 다음과 같이 결론짓지 않을 수 없다: 국가의 혼합된 정체의 유사윤리적인 보증은 이 혼합된 요구에 알맞다. 개인의 생명과 활동이 지속될 수 있는 조건을 유지하는 것이 최고의 목적이기 때문에, 그리고 이러한 조건의 유지가 때로는 외부의 많은 적에 의해서 때로는 내부의 단 한 사람의 적에 의해서 위험해지기 때문에, 다음과 같은 일이 생겨난다: 어느 때라도 이 두 종류의 위험에 대처하는 데 가장 적합한 정치적 구성에는 유사윤리적인 정당화가 있다. 그러므로 하나의 목적에는 적합해도 다른 목적에는 부적합하다는 것을 받아들여야 한다.

5

이 장의 제목은 간과해서는 안 되는 또 하나의 질문을 숨기고 있다: 여성에 의한 정치 권력의 이용. 호전적인 사회나 부분적으로 호전적인 사회에서는 여성의 선거권 소유가 엄밀히 말해서 공평하지 않다고 우리는 이미 결론지었다. 그들은 동등한 책임을 지지 않는 한 당연히 동등한 권력을 가질 수 없다. 그러나 여기에서 호전성의 중지로 이 장애물이 사라지리라 가정한다면, 우리는—그런 경우—여성에게 선거권을 주는 것이 적절한지 물어보아야 한다. 나는 적절하다고 본다. 왜냐하면—우리가 본 것처럼—그것은 직접적이며 단순한 의미에서의 권리 문제가 아니기 때문이다. 문제는 여성에게 투표권이 없을 경우보다 있을 경우, 권리가—진정한 의미에서—더 잘 유지될 수 있는가이다. 권리 유지가 만족스럽다기보다는 그렇지 못하다고 결론지을 몇 가지 이유가 있다.

여성이 비교적 충동적이라는 사실 때문에, 그들의 영향력 증가는 입법에서 해로운 요소가 될 것이다. 현재와 같은 성질의 일반적인 인간들은—일시적으로 자극받으면—특별한 감정에 너무나도 좌우될 뿐이며 다른 감정들의 총합에 의해서는 제어되지 않는다. 여성은 남성보다 순간적인 감정에 더 많이 흥분한다. 여성의 이러한 특징은 입법을 이끌어가야 하는 사법 정신과 일치하지 않는다. 일시적인 원인이나 특정한 대상에 자극된 격한 감정으로부터의 해방은 훌륭한 입법의 분명한 필요조건이다. 이 필요조건은 현재 불완전하게 만족될 뿐이다. 선거권이 여성에게 확대된다면, 그 필요조건은 더욱 불완전하게 만족될 것이다.

이 정신적 차이는 또다시 지적 차이를 동반한다. 일반적인 것과 추상적인 것을 잘 이해하는 남성은 매우 적지만, 여성은 한층 더 적다. 특수한 것과 구체적인 것만이 그들의 사고에서 움직인다. 10명 중 9명의 입법자나 100명 중 90명의 유권자는 이런저런 조치를 논할 때 얻어지는 직접적인 결과만 생각하고, 그 조치가 가져올 간접적인 결과나 이전의 조치가 갖는 효과 또는 그 조치가 인간의 성격에 미치는 영향에 대해서는 전혀 생각하지 않는다. 여성이 투표권을 가진다면, 의식이 가깝고 개인적인 것에만 몰두하고 멀고 비개인적인 것은 배제하는 경우가 한층 더 많을 것이다. 그리고 현재 일어나는 막대한 해악은 늘어날 것이다.

가족 윤리와 국가 윤리 간에는 근본적인 대립이 있다는 사실, 그리고 한쪽을 다른 쪽 영역으로 들어오게 하는 것은 해로우며, 실제로 이것이 대규모로 계속되면 치명적이라는 사실은 앞에서[『윤리학 원리』 4부의 앞부분] 보여주었다. 결국 행동을 결정하는 것은 성격이다. 이것과 결합된 지능은 단지 감정에 만족을 주는 수단으로 사용될 뿐이며, 그것들 모두가 성격을 구성한다. 현재 남성과 여성 모두 감정에 이끌려서 가족 윤리를 들여와 국가 윤리를 해친다. 그러나 (그녀들의 어머니 역할의 부수물로서) 공적에 비례해서가 아니라 공적이 없는 것에 비례해서 이익을 양보하는 것—능력이 가장 적은 자에게 가장 많이 주는 것—이 특히 여성의 성질이다. 의지할 데 없는 자들에 대한 사랑은 부모의 본능에 대한 일반적인 서술로 사용될 수 있다. 그렇지만 그것은 남성보다 여성에게서 더 강하며 남성의 행동보다 (가족 안에서뿐만 아니라 가족 밖에서도) 여성의 행동을 더 많이 지배한다. 그렇기 때문에 그 사랑은 우월한 자들에 비해 열등한 자들을 지나치게 배려하는 공적인 행위를 남성의 경우보다 여성의 경우에서 한층 더 많이 자극할 것이다. 남성과 여성 모두의 현재 경향은—시민들의 빈곤이 보통 그들의 결정에 비례하기 때문에—시민들의 요구가 그들의 빈곤에 비례한다고 생각하는 것이다. 그리고 남성보다 여성에게서 더 강한 이러한 경향은—만일 그것이 정치적으로 작용한다면—유능한 자를 희생시키고 무능한 자를 더 일반적으로 돌보게 한다. 권리를 존중하기는커녕—우리가 본 것처럼 권리를 존중한다는 것은 각자가 자기 행동의 좋은 결과와 나쁜 결과를 받아들여야 한다는 원칙을 일관되게 실행하는 것에 불과하다―권리를 침해하는 일이 지금보다 더 커지고 더 많아질 것이다. 우월한 자들이 얻은 이익에서 강제로 빼앗아 열등한 자들을 도와주는 경우가 지금보다 더 많아질 것이다. 그리고 열등한 자들이 자신들에게 닥친 해악을 우월한 자들에게 떠맡기는 경우도 지금보다 더 많아질 것이다.

여성을 특징짓는 또 하나의 성질은 모자 관계가 아니라 부부 관계의 적응에서 생겨난다. 여성들의 감정은 자식들을 다루는 데 특별히 적합하게끔 만들어졌지만, 그녀들은 또한 적절한 남편 선택에도 적응하였다(적어도 그녀들이 선택하는 것을 환경이 허용하는 한에서는 그렇다). 육체적인 것이든 정신적인 것이든 또는 이 둘 모두이든 간에, 힘은 여성을 가장 많이 끌어당기는 남성적인 특성이며 또 여태까지 그런 것이었다. 그렇기 때문에 힘은 강자가 늘어나는 것을 촉진한다. 이 본능적인 선호가 별로 두드러지지 않은 별종은―다른 조건들이 똑같다면―다른 별종들에 의해 사라지는 경향이 있었을 것이다. 여성의 경우에는 여기에서 모든 형태의 힘에 대한 숭배가 생겨난다. 여성의 상대적인 보수주의도 여기에서 나온다. 어떤 형태로 구현되든 간에 —정치적으로 구현되든, 종교적으로 구현되든, 사회적으로 구현되든 간에 —권위는 남성보다 여성을 더 많이 좌우한다. 이 증거는 모든 단계의 사회가 제공한다. 조상의 명령에 의해 신성해진 관습은 남성보다는 여성이 더 많이 따른다. 본능적인 감정이 반대 효과를 낳을 것으로 예상한 곳에서조차 그랬다. 이를테면 주앙족[2]의 여성들은 간단한 옷을 좋아한 남성들을 따라서 이브^{Eve}의 옷보다 더 작은 옷을 고집하였다. 종교적인 광기는 초자연적인 것으로 인식된 어떤 힘에 대한 극단적인 복종의 표시인데, 여성은 언제나 남성보다 더 많이 이 종교적인 광기에 사로잡혔다. 그리스인들은 양성 간의 이 차이를 말하였다. 그것은 일본에서도 관찰되었다. 힌두교도들은 그 예를 제공한다. 그것은 현재 유럽 전역에 걸쳐 분명하게 나타나고 있다. 그러므로 투표권이 여성에게 주어진다면, 이 감정은 —권력과 모든 형태의 그 부속물은 이 감정을 자극하기 때문에 —정치적인 권위이든 교회 조직의 권위이든 간에 모든 권위를 강화할 것이다. 어쩌면 현재의 조건에서는 이런 종류의 보수적인 영향이 유익하다고 생각할 수도 있다. 위에서 기술

---

2) 주앙Juang족: 인도 동부 지역에 사는 오스트로아시아 어계의 종족.

한 특징이 존재하지 않으면, 이것은 그럴지도 모른다. 그렇지만 여성의 이 힘 숭배power worship는 정의보다 관대함에 대한 이러한 선호와 협력하기 때문에, 그것은—만일 그것의 완전한 표현을 허용한다면—유익한 목적이라고 생각되는 것을 추구할 때 공공 기관이 개인의 권리를 짓밟는 능력을 증대시킬 것이다.

우리의 과도기 상태에 의해 야기된 현재의 복잡한 정치가 사라진 다음에도 그러한 해악이 생겨날지는 또 다른 문제이다. 아마도 그때에는 여성의 투표권 소유가 유익할 것이다.

그러나 여성에게 즉시 선거권을 부여하라고 주장하는 사람들은 다음과 같은 이유를 내세운다: 선거권이 없다면, 여성은 정당한 주장에 대해 법적 인정을 받지 못할 것이다. 우리의 경험으로 볼 때 이러한 변명은 옳지 않다. 지난 30년 동안 여성의 여러 불리한 조건은 남성 측의 큰 반발없이 없어졌다. 남성에 대한 남성의 행동을 여성에 대한 남성의 행동과 비교하면, 현대에는 정의 감정이 전자를 결정할 때보다 후자를 결정할 때 더 많이 작용한다는 사실이 분명하게 나타난다. 부당한 대우를 받은 남성 계급은 자신들을 부당하게 대우한 계급으로부터 자신들이 요구한 양보를 얻기 전에 오랫동안 투쟁해야 했는데, 이 투쟁 기간은 하나의 계급으로서 여성들이 하나의 계급으로서 남성들로부터 자신들이 요구한 다양한 자유를 얻기 전에 투쟁해야 했던 기간보다 훨씬 더 길었다. 여성들은 정치 권력 없이도 이 다양한 자유를 얻었다. 그러므로 확실히 여성들이─주로 아이들을 보호하는 것에 관해서─불평하는 또 다른 불의^{不義}도 마찬가지로 일부 여성들이 추구하는 거대한 정치 변화를 일으키지 않으면서 없앨 수 있다.

가장 단순한 형태의 기대를 보면, 이러한 개연성은 사실상 확실성이나 마찬가지라는 사실이 명백할 것이다. 여성이 참정권을 가져야 남성으로부터 정당한 권리를 얻을 수 있다고 공개적으로 주장하는 것은 실제로 다음과 같이 주장하는 것이다: 참정권을 양보하면 권리도 양보한다는 것을 알기 때문에, 남성은 참정권은 양보해도 권리만 양보하지는 않을 것이다. A(즉 참정권)은 B(즉 권리)의 확립을 수반한다. 그러므로 명제는 이것이다: 남성은 B만 넘겨주려고 하지 않고, B 외에 A도 넘겨주려고 한다.

6

국가의 정체라는 제목 하에서는 국가 권력의 분배뿐만 아니라 국가 부담의 분배에 대해서도 말해야 한다. 분명한 것은 정부 운영에 공평하게 관여할 이유가 있는 만큼이나 정부 비용의 공평한 분담을 주장할 이유가 있다는 사실이다.

추상적으로 생각하면, 이 문제는 큰 어려움을 제기하는 것 같지 않다. 개인적으로 지불하는 양은 개인적으로 받는 이익에 비례해야 한다. 이익이 비슷하면, 감당하는 부담도 비슷해야 한다. 이익이 다르면, 감당하는 부담도 달라야 한다. 신체 보호를 위한 공공 지출과 재산 보호를 위한 공공 지출 간의 구분이 여기에서 생긴다. 일반적으로 말하면, 모든 사람은 생명과 신체 안전에 가치를 부여한다. 생명과 신체 안전을 돌보는 데 들어가는 그런 공공 지출은 모든 사람에게 골고루 돌아가야 한다는 것이 그 속에 함축된 의미인 것 같다. 한편 한쪽 끝에 있는 임금 소득자가 소유한 재산의 양과 또 한쪽 끝에 있는 백만장자가 소유한 재산의 양은 엄청난 차이가 있기 때문에, 여기에는 다음과 같은 의미가 함축되어 있다: 재산권을 유지하는 데 드는 비용도 엄청나게 달라야 하며(즉 소유 재산의 양에 비례해야 하며), 소유 재산의 종류에 따라서도 어느 정도 달라야 한다. 이러한 고려는 우리에게 내부에서의 보호 비용에 관해서 대략적으로 공정한 분배를 말해주는 것 같다. 그러나 외부로부터의 보호에 관해서는 공정한 분배를 인식하기가 더 어렵다. 침략은 재산과 신체 모두를 위태롭게 한다. 시민은 강탈당하거나 육체를 손상당할 수 있으며, 또는 다소간에 자유를 잃어버릴지도 모른다. 공정한 분배는 각자가 이것들에 부여한 상대적인 가치에 달려 있다. 그렇지만 특별한 것이든 일반적인 것이든 간에, 그러한 가치의 표현은 불가능한 것 같다. 그러므로 우리는 다음과 같이 말해야 한다: 호전성 또는 부분적인 호전성이 계속되는 한, 공공 비용의 정당한 부담에 대해서는 대충의 어림짐작만 할 수 있다.

그러나 한 가지 결론은 분명하다. 국가 비용은 ─ 시민들 사이에 할당된다 하더라도 ─ 모두가 부담해야 한다. 정부가 주는 이익을 받는 사람은 모두 정부 비용의 일부를 지불해야 하며, 그것을 간접적으로가 아니라 직접적으로 지불해야 한다.

이 마지막 요구가 가장 중요하다. 정치인의 목적은 일반적으로 시민이 그의 소득에서의 공제를 부분적으로든 전체적으로든 의식하지 못하는 방식으로 세금을 거두는 것이다. 정치인은 관세와 소비세를 다음과 같은 이유로 자주 옹호한다: 그것들을 통하면, 세금 징수원이 각각의 시민에게서 얻을 수 있는 양보다 더 많은 조세 수입을 국민에게서 거둘 수 있다. 그러나 이 제도는—공개적으로 얻기 어려운 액수를 은밀하게 탈취하는 제도이기 때문에—달성해서는 안 되는 목적을 달성한다. 이렇게 해서 조세 저항을 피한다. 그렇지만 조세 저항은 건전한 저항이다. 그러나 조세 저항을 피하지 못한다면, 그것은 공공 지출을 적절하게 억제할 것이다. 시민 각자가 자기 몫의 세금을 가시적인 형태나 확실한 형태로 내야 한다면, 그 총액은 매우 클 것이다. 모든 시민은 국가가 필수 기능을 경제적으로 수행하기를 바라되 불필요한 기능을 맡는 것은 반대할 것이다. 그러나 오늘날 시민들은 제각기—그가 무의식적으로 그 값을 지불하는 어떤 이익을 제공받더라도—낭비를 찬성하고 싶어한다. 그리고 이것이 자극이 되어 그는 다른 사람들을 희생시켜 이익을 얻는—고의로는 아니더라도 모르는 사이에 부정직한—방향으로 나간다.

선거권 확대를 지지하는 운동이 한창일 때, 끊임없이 되풀이된 원칙은 "대표 없는 과세는 강탈이다"라는 것이었다. 그 후 경험은—또 다른 한편으로—과세 없는 대표는 강탈을 수반한다는 것을 가르쳐주었다.

제3장
국가의 의무

> 시민은 살고 싶어하며, 그것도 그의 환경이
> 허용하는 한 충분하게 살고 싶어한다.

1

이 책의 앞 장들에서 진술한 윤리학 원리를 받아들이든 받아들이지 않든 간에, 대부분의 독자는 다음 장들에서 이루어진 그 원리의 실제적인 적용에 동의할 것이다. 몇몇 사람은 아마도 연역적인 추론을 싫어할 것이다. 그들은 ─할 수만 있다면 ─그 결과가 귀납에 의해 증명되었어도 그것을 기꺼이 거부할 것이다. 그러나 귀납적으로 도달한 이 경우의 결과들은 일반적인 문명인들 사이에서 경험적으로 확증된 믿음이라는 것이 잇달아 드러났다. 그 결과들은 ─경험이 늘어나면서 ─점점 더 믿을 만한 법칙으로 공식화되었다. 따라서 그것들은 거의 거부할 수 없다.

그러나 여기에서는 다양한 견해가 있는 주제들을 다룰 것이다. (안 된다고 하는 방법으로 도달되었기 때문에) 도달된 결론을 까닭없이 싫어하는 것을 막으려면, 안 된다고 할 수 없는 방법으로 진행하는 것이 가장 좋다. 그리고 이 방법은—그 자체만으로는 아무리 불충분하더라도—모든 사람이 어느 정도까지는 좋다고 인정할 수 있는 방법이어야 한다. 그러면 국가의 의무에 관한 우리의 연구를 귀납적으로 시작해보자.

존경하는 철학자 홉스[Hobbes]가—자신의 이론을 순수한 허구에서 이끌어내지 않고—실제로 원시인들이나 사회생활의 첫 단계에 있는 사람들의 집단에서 나타나는 사실들을 확인해 준비했다면, 그는 결코 그의 국가 이론을 제시하지 않았을 것이다. 만일 그가 실제로 존재한 미개인들에 대해 더 많이 알았다면, 그는 사회 질서와 그 이익에 대한 그러한 사상을 그들의 것이라고 하지 않았을 것이다(그러한 사상은 발전된 사회 생활의 산물이기 때문이다). 그리고 그는 지배 권력에 대한 복종이 처음에는 그가 지적한 동기로는 조금도 부추겨지지 않았다는 사실을 알았을 것이다. 홉스처럼 선험적으로 진행하지 말고 귀납적으로 진행하자. 증거를 심사숙고해보자.

2

첫 번째 사실은 전쟁이 없거나 없었던 곳에는 정부가 없다는 것이다. 서로 다른 부족 간의 갈등이 없는 에스키모인들에게는—홉스에 따르면 정부가 없는 사람들 사이에서는 반드시 생겨나는—같은 부족 구성원들 간의 갈등이 거의 없다는 사실을 이미 지적한 바 있다. 때때로 일어나는 바와 같이 한 에스키모인이 다른 에스키모인에게 학대받으면, 그의 대책은 풍자적인 노래를 통해 여론에 호소하는 것이다. 푸에고 섬[1]사람들은 20명 내지 80명이 모여 부족을 이루었는데, 이들에게는 추장이 없다. "또한 그들은 그들 사회의 평화를 위해 우두머리를 요구한 것 같지도 않다"라고 웨들[2]은 말한다. 게다가 또 숲에 사는 베다족[3]의 작은 종족들에게는 "언제나 명예롭게 인정되는" 경계선이 있다. 그리고 가장 영향력 있는 사람에 불과한 각 종족의 우두머리는—테넌트[4]에 따르면—그 종족의 여러

---

1) 푸에고Fuego 섬: 남아메리카 대륙 남쪽 끝에 있는 섬.
2) 제임스 웨들James Weddel: 영국의 해양 탐험가(1787~1834). 주요 저서로는 『남극 항해 *A Voyage Towards the South Pole*』(1825)가 있다.
3) 베다Vedda족: 스리랑카 동부에 사는 원주민. 키가 작고 곱슬머리에 넓은 코, 암갈색 피부가 특징이며 주로 원시적인 화전에 의존한다.
4) 제임스 에머슨 테넌트Sir James Emerson Tennent: 영국의 정치인이자

구성원이 모은 꿀을 특정한 계절에 분배하는 일 이상의 권위를 행사하지 않는다."

두 번째 사실은 보통 평화로운 부족들 간에 전쟁이 일어날 때, 무리를 지휘하는 전사들이 강력한 영향력을 갖게 된다는 것이다. 전쟁 때마다 더 많은 힘과 용기, 기술이나 영리함으로 인해 다른 이들과 구별되는 어떤 사람이 나타난다. 그는 결국 존경받기 때문에 지도자로 인정받는다. 그러나 처음에—태즈메이니아인[5]들이 우리에게 보여준 것처럼—그는 전쟁하는 동안은 지배력을 갖지만, 평화가 다시 확립되면 그것을 잃어버린다. 정부가 없는 평등한 상태가 돌아온다. 그렇지만 부족들 간의 전쟁은 보통 만성적이기 때문에, 때로는 한 전쟁에서 때로는 다른 전쟁에서 지도자로 활약한 사람이 영속적인 권위를 얻는 경우가 일반적이다. 그에게 나타내는 존경은 전쟁 때뿐만 아니라, 전쟁과 전쟁 사이의 휴지기를 넘어 계속된다. 그래서 추장의 역할이 시작된다. 북아메리카의 쇼쇼니족[6]이나 스네이크

여행가(1804~69). 특히 실론Ceylon 연구가로 널리 알려져 있다.
5) 태즈메이니아Tasmania: 오스트레일리아 남동쪽에 있는 섬.
6) 쇼쇼니Shoshone족: 북아메리카 인디언의 한 부족. 때로는 스네이크족이라고도 불렸다.

족[7])이 이 구조 관계를 잘 보여주는데, 이 부족들은 세 개의 부분으로 나뉜다. 마운틴 스네이크족[8])은 정부가 없다. 이들은 흩어져서 떠돌아다니는 무리의 상태로 살며, 적대적인 동족으로부터 자신들을 지키기 위해 협력하지 않는다. 워 아 아리 카스족 또는 피시 이터스족[9])에는 "연어철을 제외하면" 사회 조직의 흔적이 없다. 이때에는—여러 번 나누어서 강에 가는데 일시적으로 "추장이라고 불리는 어떤 사람"이 나타난다. 사람들은 그의 충고에 복종하기보다는 그 충고를 받아들인다. 셔리 디카족[10])은 들소를 사냥하고 무기를 잘 갖추었는데, 이들은 우리에게 명백한 추장 지위를 보여준다. 그렇지만 권위는 여전히 "추장의 개인적인 힘"에 달려 있으며, 다른 사람에게 쉽게 이양된다. 상대적으로 호전적인 코만치족[11])에서는 추장이 많은 권력을 갖

---

7) 스네이크Snake족: 파이우트족, 배녹족, 쇼쇼니족에 주어진 집합적 이름.
8) 마운틴 스네이크Mountain Snake족: 북아메리카 서부 태평양 연안 고위도 지방의 산지에 사는 스네이크족.
9) 워 아 아리 카스War-are-aree-kas족 또는 피시 이터스Fish eaters족: 어시니보인Assiniboin족(북미 몬타나 주 북동부와 캐나다 인접 지역에 살았던 인디언 부족)의 별칭.
10) 셔리 디카Shirry dika족: 아라파호Arapaho족(로키 산맥의 대초원 지대에 거주한 인디언 부족)의 별칭.
11) 코만치Comanche족: 쇼쇼니족에서 갈라져 나온 인디언 부족으로 텍사스 주 서부에 거주하였다.

고 있다. 그렇지만 그 직위는 세습되지 않고 "뛰어난 잔꾀, 지식 또는 전쟁의 승리"에서 생긴다. 그리고 이 단계에서 위로 올라가면, 우리는 다른 부족들과의 불화가 만성적인 것이 되면서 명백한 추장 지위가 생겨난 것을 알 수 있다.

세 번째 사실은 다음과 같은 것이다: 전쟁 때 진취적인 기상을 발휘하는 지도자가 이웃 부족들을 복속시키고—연이은 정복을 통해—통합된 큰 사회를 형성하는 곳에서는, 그의 지배권이 확립된다. 그리고 권력이 커지면서 그는 자신의 의지를 군사 행위 이외의 영역에 강제한다. 이러한 과정으로 국가가 형성되고 추장들이 왕이 되면, 정부의 권력도—절대적인 것이 되기 때문에—사회 생활 전체에 미친다. 여전히 주목해야 하는 것은 왕이 무엇보다도 전쟁 지도자라는 사실이다. 이집트인과 아시리아인의 기록은 유럽 국가들의 기록과 마찬가지로, 통치자가 주로 우두머리 병사라는 것을 보여준다.

그 다음 네 번째 사실의 항목에 몇 가지 작은 사실들을 모으면, 우리는 다음과 같은 것을 알 수 있다: 현대 국가처럼 국가의 수장이 전투 때 군대를 더 이상 지휘하지 않고 이 기능을 위임한 곳에서도, 그는 역시 명목상으로는 군인이다(즉 육군 또는 해군 교육을 받는다). 민간 우두머리 지위들은 공화국에서만 생겨나는데, 이것들은 다시 군사적인 성격을 취하는 경향이 있다. 정부를 원시적인 유형의 군사 독재로 변형시키는 데 필요한 것은 계속되는 전쟁뿐이다.

따라서 귀납은 다음과 같은 진실을 의심할 여지가 없게 만든다: 정부는 다른 사회들에 대한 한 사회의 방어적인 행위와 공격적인 행위에 의해 시작되고 발전되었다. 국가의 일차적인 기능, 또는 국가 권력이 집중된 기관의 일차적인 기능은 전쟁 때 소집한 개인들의 연합 행위를 지휘하는 기능이다. 통치 기관의 첫 번째 의무는 국가 방위이다. 부족 간의 정의正義를 지키기 위한 조치는 개인들 사이에서 정의를 지키기 위한 조치보다 더 단호하며 더 일찍 생겨났다.

3

따라서 통치자에 대한 시민들의 복종이 처음에는 홉스가 상상한 것과 같은 목적을 갖지 않았다는 사실을 알게 되었지만, 또 한편으로는 그러한 목적의 실현이 오랫동안 시도조차 되지 않았다는 사실도 우리는 알게 되었다. 많은 단순 사회는 영구히 존재하며, 많은 복합 사회는 오랫동안 존재하였다. 하지만 통치자는 개인들 서로 간의 공격을 막기 위해 어떤 조치도 취하지 않았다.

부족의 적들에 대항해 협력할 필요성은 명백하며 절대적이다. 이 필요성은 지도자에 대한 복종을 부추긴다. 그러나 부족의 한 구성원을 다른 구성원으로부터 보호할 명백한 필요성은 존재하지 않는다: 그들의 싸움이 부족의 복리를 위협한다고는 인정되지 않거나, 간섭해야 할 정도로 상당히 크다고는 생각되지 않는다. 우두머리 지위가 없었을 때는, 그리고 전쟁이 지속되는 한에서만 우두머리 지위가 있었을 때는, 부족의 각 구성원이 자신의 권리를 가능한 한 유지하였다. 피해를 입으면, 그는 공격자에게 피해를 주기 위해 최선을 다했다. 우리가 원시적인 사람들의 무리뿐만 아니라 떼지어 사는 동물들에게서도 볼 수 있는 이 거친 정의^{正義}의 관리는 정치적 지배가 존재하기 전의 관습으로 인정받아 정치적 통치의 확립보다 더 오래 살아남았다. 그것은 조상 때부터 받아들였으며 전통에 따라 신성화된 관습이었기 때문이다. 따라서 모든 초기 사회에서는 동해보복법^{同害報復法}[12]이 — 때로는 통치자와는 상관없이 때로는 통치자에게 인정받아 — 시행되었다.

---

[12] 동해보복법 lex talionis: 피해자가 입은 피해와 같은 정도의 손해를 가해자에게 가하는 보복의 법칙.

북미의 스네이크족, 크리크족[13], 다코타족[14]의 경우 사적인 부정에 대해서는 상처를 입은 개인이나 그의 가족이 복수하였다. 코만치족에서는 이러한 보복 방식이 상습적이었다. 그들은 때때로 회의를 통해 개입했지만 성공하지 못했다. 비교적 잘 발달된 정부를 가진 이로쿼이족[15]에서는 부정을 사적으로 바로잡는 것이 허용되었다. 남미에서는 우아우페스족[16], 파타고니아족[17], 아라우칸족[18]이 다소 두드러지게 정치적 복종을 보여주는데, 이러한 정치적 복종은 각자가 그 자신을 위해서 또는 그의 가족이 그를 위해서 원시적으로 정의를 관리하는 것과 공존한다. 아프리카와 다양한 진보 단계에 있는 민족들에게서는 다양한 혼

---

13) 크리크Creek족: 북미의 조지아 주와 앨라바마 주에서 살고 있었던 인디언 부족.
14) 다코타Dacotah족: 북아메리카의 대평원 지역에 거주한 수Sioux 인디언의 일족 또는 수 부족의 연합.
15) 이로쿼이Iroquoi족: 북아메리카 동부의 삼림 지대에 살고 있었던 인디언 부족.
16) 우아우페스Uaupes족: 남아메리카 콜롬비아의 동부에서 발원한 바우페스Vaupe's(또는 우아우페스) 강 유역에 거주하였다.
17) 파타고니아Patagonia족: 남아메리카의 남쪽 끝 파타고니아 지방에 사는 아라우칸족의 일부와 그 밖의 종족을 일컫는 말. 키가 크고 주로 수렵 생활을 한다.
18) 아라우칸Araucanian족: 남미 칠레 중앙부의 디아겟타 지방에 거주하는 원주민 부족.

합 상태를 볼 수 있다. 베추아나[19] 왕이나 추장은 자신이나 자기 하인에게 자행된 범죄만 처벌하기 위해 권력을 사용한다. 동아프리카인들의 경우 피해를 입은 사람은 어떤 때는 그 자신이 복수하고, 어떤 때는 추장에게 호소한다. 황금 해안[20] 흑인들의 몇몇 부족은 재판에 따른 처벌이 있지만, 다른 부족들에서는 죽음에 대해 그 죽은 자의 친척이 복수한다. 아비시니아[21]에는 비슷한 변형이 있다. 아시아로 넘어가면, 아랍인들의 경우 공격을 억제하는 이 방식들 중에서 어느 것이 우세한가는 그 집단이 유목민이냐 정착민이냐에 달려있다. 유목민인 경우 사적인 보복과 강제적인 배상이 관행이지만, 아랍의 도시에서는 통치자에 의한 처벌이 통례이다. 브힐족[22]은 추장의 징벌 행위와 개인의 징벌 행위 간의 비율을 보여주는데, 이 비율은 추장의 권력에 따라 변한다. 콘드족[23]은 권위에 대해서 존경을 거의 표하지 않는다. 이들에게서는 정의가 사적인 행위에 의

---

19) 베추아나Bechuana: 남아프리카 남부 중앙 내륙에 있는 국가 보츠와나 Botswana의 옛 이름.
20) 황금 해안Gold Cost: 서아프리카 가나의 가나만 연안의 해변.
21) 아비시니아Abyssinia: 에티오피아의 옛 이름.
22) 브힐Bheel족: 서인도에서 인도-아리아어를 사용하는 부족.
23) 콘드Khond족: 인도 벵골 지방에 사는 원주민 부족.

해 시행된다. 카렌족[24]의 관습 역시 각자가 [법률의 힘을 빌리지 않고] 임의로 제재를 가한다. 원칙은 동등한 손해의 원칙이기 때문이다.

이와 비슷한 사정이 일찍이 유럽에 거주한 아리안족[25]에 있었다는 것은 잘 알려진 사실이다. 사적인 보복과 공적인 징벌이 다양한 비율로 혼재되었다: 더 높은 문명 상태로 진보함에 따라, 전자는 줄어들고 후자가 늘어난다. 켐블[26]은 다음과 같이 말한다. "튜턴족[27]의 모든 입법의 밑바탕에는 … 다툴 권리right of feud가 있다 … 각각의 자유인은 마음대로 자기 자신, 자기 가족, 친구들을 보호하고, 이들에게 가해진 모든 부정한 짓에 대해 복수한다." 피해를 입은 사람은 더 이상 처음처럼 보복의 정도에 대한 그 자신의 재판관이 아니다. 현재는 관습이 그에게 제한을 가하였다. 관습은 피해에 대해 보상의 비율을 확립하였는데, 이것은 계급에 따라 달랐다. 정치적 권위가 힘을 얻었을 때, 첫 번째 발걸음은 관습에 따라 정해진 벌금을 강요하고 ─

---

24) 카렌Karen족: 미얀마 내 14개 소수민족 가운데 하나.
25) 아리안Aryan족: 중앙아시아에서 유목 생활을 한 유럽 갈래의 민족.
26) 존 미첼 켐블John Mitchell Kemble: 영국의 역사가(1807~57). 주요 저작으로는 『영국의 색슨족*The Saxons in England*』(1849)이 있다.
27) 튜턴Teuton족: 일반적으로 게르만 부족으로 분류된다.

이행하지 않을 경우에는—사적인 보복을 허용하는 것이었다. "친척에게는 보상하라, 그렇지 않으면 불화가 생겨난다." 게르만족에 대해 처음 기술되었을 때의 몇몇 부족에서 추적할 수 있는 이 과도기 단계에는, 보상의 일부가 피해를 입은 본인이나 가족에게 돌아갔으며, 또 일부는 통치자에게 돌아갔다. 봉건 제도 하에서는 부정한 짓을 사적으로 바로잡는 방식이 공적으로 바로잡는 방식으로 서서히 대체되었다. 그러나 이것은 중앙 정부가 힘을 얻었을 때뿐이다. 귀족들 간의 사적인 전쟁 권리가 영국에서는 12세기와 13세기까지 계속 내려왔으며, 프랑스에서는 그 후에도 내려왔다. 그 권리는 뿌리가 매우 깊었다. 그래서 어떤 경우에는 봉건 영주들이 무력 이외의 다른 방법으로 자신들의 권리를 지키는 것을 불명예라고 여길 정도였다. 결투 재판과 사적인 결투의 오랜 잔존도 지적할 만하다.

이러한 사실들은 또 다른 두 가지 측면에서 고찰되어야 한다. 정부의 일차적인 기능은 합병된 개인들의 행위를 전쟁을 위해 단합시키는 것이다. 정부의 이차적인 기능은 그 구성원들을 서로에게서 보호하는 것인데, 이 기능은 조금씩 확립되었다. 그러나 이 이차적인 기능은 일차적인 기능에서 분화해 생겨난 것이다. 초기 단계에서조차 부정한 짓을 사적으로 바로잡는 것은 일부분은 피해를 입은 개인의 일이며, 일부분은 그의 가족이나 친척의 일이다. 가족 조직의 발달을 가져오는 진보는 동시에 가족들이 떼지어 모이거나 종족들이 모여 사회를 이루는 상태를 가져오는데, 이러한 진보는 가족 책임 원칙을 발전시킨다. 말하자면, 가족 집단들 간의 사적인 전쟁이 사회들 간의 공적인 전쟁과 똑같은 성질을 갖게 된다. 사적인 정의 실행은 부족 간의 정의 실행과 유사하다. 여기에서 우리에게는 매우 이상한 것처럼 보이는 사고 방식이 생겨난다: 어느 한 집단의 구성원 한 명이 살해되면 그를 죽인 자가 소속된 집단의 구성원 한 명을 죽이는데, 이때 희생자가 바로 그 살인자인지 아닌지는 상관없다. 그 집단은 동등한 정도로 피해를 입는다. 이것이 본질적인 요건이다.

이러한 사실들의 주목할 만한 또 다른 측면은 다음과 같은 것이다: 사적인 전쟁을 통한 정의의 이 거친 시행이 정의의 공적 관리로 바뀌었는데, 이는 공정한 관계를 유지하고자 하는 통치자의 염려 때문이 아니다. 그보다는 오히려 내적인 불화가 일으키는 사회의 약화를 막고 싶은 통치자의 염려 때문이다. 그가 원시적인 추장이든 산적 우두머리이든 간에, 지도자는 추종자들 간의 싸움을 억제해야 한다.

이들이 작은 규모로 보여준 싸움이 봉건 시대에는 큰 규모로 나타났다. 즉 왕들은 국제적인 전쟁이 진행되고 있을 때는 귀족들 간의 사적인 전쟁을 금지하였다. 분명한 사실은 전투를 잘 할 수 있는 사회 질서를 유지하고 싶은 마음에 왕이 적대적인 추종자들 사이에서 중재자 역할을 한다는 것이다. 또한 피해를 입은 사람들은 ─ 그의 권위를 인정하기 때문에 ─ 그에게 호소하고, 같은 이유로 그는 이 호소에 대답한다. 이러한 호소가 그의 사법 및 입법 권력을 점점 더 많이 안정시키는 경향이 있다는 것 역시 분명하다.

국가의 이 이차적인 기능이 일단 확립되면, 그것은 계속 발전한다. 이것은 외부의 적으로부터 보호하는 기능 다음으로 중요한 기능이 된다. 여기에서 특별히 강조해야 할 진실은 다음과 같은 것이다: 그 밖의 종류의 정부 행위는 줄어들지만, 이런 종류의 정부 행위는 늘어난다. 호전적인 행위는 점차 적어질지도 모르며, 정치 기관은 전에 시민들에게 행사된 다양한 규제 행위에서 물러날지도 모른다. 그러나 문명의 진보와 함께 정의의 관리는 계속 확대되는 동시에 더 효율적이 된다.

4

이러한 결론에 귀납적으로 도달한 만큼, 이제 그에 상응하는 결론에 연역적으로 도달할 수 없는지를 보자. 사회적으로 길들여지는 인간의 성질에서 이 두 국가 의무가 본질적이라는 사실을 추론할 수 없는지를 보자.

종^種의 번성이 새끼와 성체에 각각 적합한 두 개의 상반된 원리에 따라 이루어진다는 것을 우리는 앞에서[『윤리학 원리』 4부 앞부분] 보여주었다: 이익[혜택]이 전자의 경우에는 가치[우수성]와는 반비례해서, 후자의 경우에는 가치와 정비례해서 할당된다. 이 두 원리 중 두 번째 것에 우리의 주의를 한정하자. 지금은 이것만이 우리와 관계가 있기 때문이다. 분명한 것은 사회의 경우 각각의 노력에 보상을 가져다주는 조건을 유지하기가 외부의 적과 내부의 적으로 방해받기 쉽다는 사실이다. 여기에는 다음과 같은 의미가 함축되어 있다: 하나의 종 또는―이 경우에는―하나의 사회가 번성하려면 이러한 조건들이 무력의 정당한 행사에 따라 유지되어야 한다. 그러한 무력을 행사하기 위해서는 사회의 협동 행위가 요구된다―전자의 경우에는 반드시, 후자의 경우에는 거의 그 정도로 요구된다. (범죄자들을 제외하면) 일반 시민들은 그러한 무력 행사에

동의할 타당한 이유가 있다. 그들의 동기를 살펴보자.

병사들에게 일어나는 우발적인 생명 상실과 부분적인 자유 상실, 그리고 다른 시민들이 병력들을 유지하기 위해 그들의 소득에서 떼는 공제, 이러한 것들을 모든 사람은 정당하다고 느낀다. 그것들은 사람들로 하여금 계속 활동해서 보상을 받게 하는 최고 목적의 달성 수단이기 때문이다. 즉 나머지 사람들을 지키기 위한 일부분의 희생이기 때문이다. 따라서 모든 사람은 국가의 강제가 필요하다는 것을 암암리에 인정한다.

내부의 적으로부터 공동으로 보호할 필요성은 긴급하다고 느껴지지 않는다. 그렇지만 각자가 그의 목적을 추구하는 것에서는 결과적으로 그러한 보호에 대한 욕망이 생겨난다. 모든 공동체에서는 상대적으로 강한 자가 소수이고 상대적으로 약한 자는 다수이다. 그렇기 때문에 대부분의 경우 부정한 짓을 순전히 사적으로 바로잡는 것은 실행 불가능하다. 가족이나 친척의―종종 부적절한―도움 이외에 어떤 유력한 사람의 도움을 얻을 수 있다면, 그 도움은―처음에는 뇌물로, 지금은 공물로―살 가치가 있다. 결국 모든 사람은 공격당하기보다는 안전을 위한 비용을 지불하는 것이 가장 좋다고 생각한다.

따라서 연합한 사람들이 경험하는 저 근본적인 필요성은 국가의 이 일차적인 의무와 이차적인 의무를 암시한다. 그들은 제각기 살고 싶어하며, 자신들의 활동을 계속 수행하면서 그 이익을 거둬들이고 싶어한다. 모든 사람은 이 목적이 달성될 수 있는 조건을 외부의 적으로부터 지키려고 한다. 모든 사람은―공격자들을 제외하면―내부의 적으로부터도 이 조건을 지키려고 한다. 여기에서 국가의 의무와 국가의 권위가 동시에 유래한다.

5

이러한 의무들을 국가에 지운다면, 국가는 그것들을 효율적으로 수행하는 데 필요한 조치를 취할 책임이 있다.

급박한 위험에 충분히 대처할 수 있는 방어 기구가 마련되어야 한다는 사실은 모든 사람이 인정한다. 외부의 적에 의한 공격이 있을 것 같지 않은 곳에서조차, 침입을 물리치기에 적합한 무력을 유지해야 한다. 전혀 대비하지 않으면 공격을 초래할 수도 있기 때문이다. 우리 나라에서는 또 우리 시대에는 약탈 무리에 의해 이유 없이 행해지는 급습을 경계할 필요가 없지만, 아직도 소위 문명 민족들은 조금의 자극만 받아도 곧잘 거대한 군대를 동원한다. 이러한 사실은 가장 발전한 나라들조차 그들의 이웃을 섣불리 신뢰해서는 안 된다는 것을 분명하게 보여준다. 보호하는 데 얼마만한 규모의 군사력이 필요한지는 물론 환경에 달려있으며, 각각의 경우에 따라 판단할 문제이다.

그러나 국가의 첫 번째 의무를 마땅히 수행하는 데 없어서는 안 되는 조직을 유지할 필요성은 충분히 인정받고 있다. 그렇지만 국가의 두 번째 의무를 마땅히 수행하는 데 없어서는 안 되는 조직을 유지할 필요성은 결코 충분히 인정받지 못하고 있다. 앞에서 본 것처럼, 시민들의 서로에 대한 보호는—처음에는 정부의 일이 아니었지만—정부에 의해 점차적으로 행해졌다. 가장 문명화된 사회에서조차 정부는 이러한 일을 여전히 부분적으로만 수행할 뿐이며, 그 일을 최대한으로 수행하는 것이 적절하다고는 생각하지 않는다. 물론 나는 범죄자로 분류되는 공격자들로부터 시민을 보호할 책임이 국가에 있다는 것을 인정하지 않거나 그 책임이 이행되지 않고 있다는 뜻으로 말하는 것은 아니다. 내가 말하고 싶은 것은 국가가 시민으로 분류되는 공격자로부터 [또 다른] 시민들을 보호할 책임이 있다는 것을 국가도 인정하지 않으며 또 시민들도 국가에게 그럴 책임이 있다고 여기지 않는다는 사실이다. 거친 공격을 받은 사람이 국가 기관에 호소한다면, 그 기관은 그의 사건을 맡아 공격자를 처벌할 것이다. 그렇지만 만일 그가 속아서 땅을 빼앗기면, 국가 기관은 그의 불평에 조금도 귀를 기울이지 않는다. 그가 손실을 부담하거나, 또는 그가 소송을 하거나 어쩌면 항소를 계속해 더 큰 손실을 입어도 내버려둔다.

법률가들뿐만 아니라 그 밖의 사람들 대부분도 이러한 사태를 변호하고 있다. 형사 사건뿐만 아니라 민사 사건에서도 공짜로 정의를 관리하는 것이 국가의 의무라는 명제는 조롱받고 있다. 실제로 공정한 제도의 성공적인 확립도 그 타당성을 증명하기 전에는 조롱받는 것처럼 말이다. 국가가 무료로 사람들 사이에서 중재한다면, 지연으로 인해 바라는 목적을 이루지 못할 만큼 법정은 소송으로 질식할 것이다. 국가가 부담하는 막대한 비용은 말할 것도 없다. 그러나 이러한 반론은 한 가지가 변해도 다른 것들은 여전히 똑같다는 잘못된 가정에서 비롯된다. 정의가 일정하고 공짜로 얻을 수 있다면, 정의를 침해하는 횟수는 정의가 일정치 않고 비용이 많이 드는 지금과 마찬가지로 많을 것이다. 진실은 다음과 같다: 엄청나게 많은 민간 범죄는 비효율적인 정의^{正義} 관리의 결과이다─형벌이 일정했다면,

그 많은 범죄는 저질러지지 않았을 것이다.

  그러나 잘 생각해보면, 이러한 반론은 믿기 어려운 명제를 암시하고 있다. 그것은 다수의 시민들이 입은 피해를 말없이 참아내거나 또는 이 피해를 바로잡으려고 하면 몰락을 각오해야 한다는 것이다. 이는 국가가—그들은 이 국가에 막대한 세금을 냈지만—그들을 보호하려고 하지 않을 뿐만 아니라 그 비용을 마련하려고도 하지 않기 때문이다. 이러한 기능 수행은 매우 중대한 공적인 해악이 될 것이기 때문에, 수많은 시민들은 가난의 해악을, 그들 중의 많은 사람은 파산의 해악을 겪는 것이 더 낫다! 그동안 국가는 지방 기관의 관리들을 통해 그들의 방취판stink traps[28])이 제대로 되어 있는지를 조심스럽게 살핀다.

6

  국가의 또 하나의 의무를—이 의무는 국가의 마지막 의무에 포함되어 있지만 그것과는 구분될 수 있기 때문에—규정해야 하며 또 그 결과도 명시해야 한다. 나는 국가가 차지한 영토와 관련해서 국가의 의무를 언급하고 싶다.

---

28) 방취판防臭瓣: 물의 역행이나 악취를 막는 하수관의 장치.

사람들이 이미 정착한 곳의 정부를 통해 공동체가 암묵적으로 인정한 것 이외의 지표면을 이용하려면, 국가의 허가가 필요하다. 국가 관리자로서의 정부는 보통의 목적에는 영구히 쓸모없을 정도로 어떤 지역을 바꾸는 계획 사업(도로, 운하, 철도, 독^{dock} 등)이 과연 전용轉用을 정당화할 만큼의 공적인 유용성을 지녔는지를 결정해야 한다. 그리고 정부는 그 보증 조건을 정해야 한다. 이 조건은 사업에 자본을 투자하는 자들에게 공정해야 할 뿐만 아니라 현존하는 공동체의 권리도 보호해야 하며, 또한 앞으로 그 영토의 최고 주인이 될 미래 세대의 이해 관계도 고려해야 한다. 요구한 지역의 영구적인 전용도—지금처럼—마음대로 계약을 악랄하게 파기할 수 있는 국가의 권리도 이 여러 가지 목적을 달성하는 데 적절한 방법이 되지 못하는 것 같다. 오히려 특정한 기간 동안—그 기간이 끝나면 조건은 수정될 수 있다는 양해 하에—전용하는 것이 적절한 방법이 될 것이다.

  관리자로서 의무를 수행할 때, 정부는 또 하나의—관련되었지만 다른—통제력을 행사해야 한다. 그 자신이 아니라면 지역 대리인을 통해서라도, 정부는 수도, 가스, 전보, 그 밖의 시설의 설치나 보수를 위해 가로수, 도로, 공공 지역을 개발하는 것을 금지하거나 허용해야 한다. 공동체의 모든 구성원을 특정한 구성원들이나 이들 집단의 공격으로부터 보호하는 데에는 그러한 감독이 필요하다.

이와 비슷한 고려가 인접한 바다는 물론 강, 호수, 내륙 하천에 대해서도 국가의 감독을 요구한다는 것은 아주 분명하다. 이러한 것들이나 그 내용물의 이용에 대해서는—최고 주인인 공동체의 이해 관계가 요구하는—제한을 가해도 정당할 것이다.

7

그렇다면 가장 일반적인 측면에서 보았을 때 국가의 의무는 무엇인가? 법인 자격으로서의 사회는 개인 자격으로서의 그 구성원들을 위해 무엇을 해야 하는가? 대답은 여러 가지 방법으로 주어질 수 있다.

한 종種의 번성이 가장 잘 보장되는 경우는 성체들 중에서 각자가 그 자신의 성질과 이에 따른 행동이 가져오는 좋은 결과와 사악한 결과를 경험할 때이다. 떼 지어 사는 종에서 이 요구의 충족은 다음과 같은 사실을 의미한다. 즉 개체들은 서로 간섭해 그의 행위가 자연스럽게 가져다 줄 이익을 각자가 받는 것을 막아서는 안 되거나, 또는 그의 행위가 자연스럽게 가져다줄 해악을 다른 개체들에게 전가해서는 안 된다. 이것은 사회적 조건에 제한을 받는 종種 생명의 궁극적인 법칙인데, 이 법칙을 지키는 것이 사회 집합체 또는 통합된 많은 시민들의 일이다.

이 본질적인 요구는 모두가 각자를 위해 지켜야 한다. 각자가 자신을 위해 그것을 효과적으로 지킬 수 없기 때문이다. 그는 혼자서는 외부의 침략자들을 물리칠 수 없다. 그리고 평균적으로 내부의 침략자들에 대한 그의 저항은—혼자서 또는 소수의 도움을 받아 이루어지면—비효율적이거나 위험하고 비용이 많이 들거나 시간 낭비이며 또는 이 모든 것이다. 이에 더하여 저 보편적인 자기 방어는 만성적인 적대 상태를 암시하는데, 이러한 상태는 협력과—이 협력이 생활에 가져다주는—편리함을 막거나 크게 지연시킨다. 따라서 공동 행위로 이루어지는 일과 개인 행위로 이루어지는 일을 구분할 경우, 공동 행위를—그것이 다른 일을 하든 안 하든—올바르게 이용하면 사회 상태 자체가 필요로 하는 것 이상으로 개인 행위에 간섭하는 것을 막을 수 있음은 분명하다.

각각의 시민은 살고 싶어하며, 그것도 그의 환경이 허용하는 한 충분하게 살고 싶어한다. 이것은 모든 시민이 바라는 바이기 때문에, 그 결과 모든 시민은 다음과 같은 사실에 관심이 있다: 각자가 개인 자격으로 행동과 목적 간의 관계 단절로 고통받지 않는 한, 그는 다른 사람들을 대신해서 그 관계를 파기해서는 안 된다. 통합된 많은 시민들은 각자가 동료 시민들의 풍족한 삶과 양립하는 풍족한 삶을 얻을 수 있는 조건을 지켜야 한다.

  국가가 또 다른 의무를 지녔는지는 여전히 논의해야 할 문제이다. 국가의 본질적인 기능들과 그 밖의 모든 기능 사이에는—모든 경우를 엄밀히 구분할 수는 없지만—그래도 폭넓게 구분되는 경계선이 있다. 생명의 지속 조건을 그대로 유지하는 것은—개인을 도와주어서든 그를 지도해서든 또는 그를 억제해서든 간에—생명의 지속 자체에 간섭하는 것과는 근본적으로 다른 일이다. 우리는 먼저 공정성을 위해 국가가 이 일을 수행해도 되는지를 알아볼 것이다. 그 다음에는 정책의 고려가 공정성의 고려와 일치하는지를 알아볼 것이다.

제4장

국가 의무의 한계 ①

> 인간의 자유는 그래도 역시 침해받는다.
> 그를 강제하는 자들은
> 그에게 이익이 되리라 믿고 그렇게 하기 때문이다.

1

가족과 국가가 분화되지 않은 초기 단계에서는 당연히 아버지 같은 정부paternal governmemt 이론이 생겨났다. 집단의 구성원들은 "그들의 살아있는 최고 조상 즉 아버지, 할아버지 또는 증조부에 대한 일상적인 복종에 의해 결합되었다." 헨리 메인 경[1]이 설명하지 않는 한층 더 초기의 사회 집단들을 무시하면, 우리는 다음과 같은 그의 일반화를 받아들일 수 있다: 아리안족과 셈족[2]에서는 자기 자식들

---

1) 헨리 메인 경Sir Henry Maine: 영국의 법제사가(1822~88). 저서 『고대법*Ancient Law*』(1861)에서 '신분에서 계약으로'라는 말로 인류 사회의 진화 과정을 표현하였다.

에 대한 아버지의 전제적인 권력이—그의 자식들이 가장이 되고 또 그들의 자식들이 다시 가장이 되면 다소간 전해지기 때문에—집단의 모든 구성원에게 행사되는 통제력의 일반적인 성격이 되었다. 이렇게 해서 정부 관념이 생겨났는데, 이것은 복합 가족들이 공동체로 발전할 때 확립된 정부 관념 속에 불가피하게 들어갔다. 혈족 관계를 맺지 않았거나 혈족 관계가 먼 많은 작은 공동체들이 합병되어 큰 사회를 이룬 후에도, 정부 관념은 오랫동안 살아 있었다.

이런 식으로 생겨난 아버지 같은 정부 이론은 제한 없는 정부가 적절하다고 암암리에 주장한다. 아버지의 전제적인 통제력이 자식들의 모든 행위에 미친다. 여기에서 생겨난 가부장적인 통치가 당연히 복종하는 자들의 생활 전체에 행사된다. 이 단계에서는 구분과 제한이 아직 생겨나지 않았다. 그렇지만 그 집단이 무언가 독특한 정체를 간직하고 있는 한, 그리고 그 집단이 대체로 공동의 기원을 지녔으며 공동체 전체가 아니라 공동체의 일부가 거주 지역과

---

2) 셈Sem족: 함족, 아리안족과 함께 유럽 3대 인종의 하나. 기독교 『성경』에 나오는 노아의 맏아들 셈의 자손이라 전해지며 아시리아인, 아라비아인, 바빌로니아인, 페니키아인, 유대인 등이 이에 속한다.

그 산물을 소유하는 한, 무제한적인 권위를 지닌 정부 개념이 아마도 그 요구에 가장 적합하였을 것이다.

그러나 이 오래된 사회적 관념은—오래된 종교적 관념과 마찬가지로—그것이 적합했던 조건과는 전혀 다른 조건 하에서도 살아남거나 계속해서 다시 나타난다. 아버지 같은 정부라는 개념은 모호한 감성적인 방식으로 받아들여졌으며, 그 의미를 분명하게 인식하려는 시도는 이루어지지 않았다. 결국 발전된 사회에는 그 개념을 적용할 수 없다는 인식이 없었다. 처음에 생겨났던 아버지 같은 정부의 성격 중 어느 것도 지금은 존재하지 않거나 있을 수 없다. 차이점을 알아보자.

부권父權은 보통 자식과 하인들을 먹여 살리는 수단의 소유권을 의미한다. 그런데 그러한 소유권 같은 것은 가부장제 형태의 통치 하에서 존속하였다. 그러나 발전된 국가에서는 이러한 성격이 없을 뿐만 아니라, 그 반대의 성격도 존재한다. 지금은 정부 기관이 그 권위에 복종하는 자들을 먹여 살리지 못한다. 그 권위에 복종하는 자들이 정부 기관을 먹여 살린다. 진실로 소위 아버지 같은 정부의 통치 하에서는 권력의 소유자가—다른 모든 것의 소유자였기 때문에—자식들의 관리자였을 뿐만 아니라 보호자이

기도 하였다. 그렇지만 현대 정부는 자식들의 자리를 차지했다고 생각되는 자들에게서 그 권력의 대부분을 받는다. 따라서 현대 정부는 그러한 의미에서의 보호자가 될 수 없고, 자식들로부터 이들을 위해 무슨 일이든 할 수 있게 해 주는 수단을 받아야 한다. 게다가 단순 가족 집단과 복합 가족 집단에서는 지배자와 피지배자 사이의 이해 관계가 거의 일치한다. 혈연 관계라는 유대는 일반적인 복리에 도움이 되는 규제 행위를 확보하는 데 기여한다. 그러나 선진 사회에서는 가족 감정이나 친척 관계에서 생겨나는 감정이 정치 관계에 들어가지 않는다. 그런 감정은—왕이든 귀족이든 미국의 민주적인 기관이든 간에—지배자의 이기주의를 억제할 수 없다. 또한 지식과 지혜 역시 지배자라고 해서 더 많고 피지배자라고 해서 더 적은 것도 아니다. 원시적인 아버지의 권력이 지배했을 때와 거기에서 유래하는 가부장제가 지배했을 때는, 그 권위에 일반적으로 자손들이 소유한 것보다 더 폭넓은 경험과 더 깊은 통찰이 있다고 여겨졌다. 그러나 발전된 사회에서는 아버지 지위에 있다고 추정되는 자들의 정신적 우월함과 자식 지위에 있다고 추정되는 자들의 정신적 열등함 사이에 그러한 대립이 없다. 오히려 비유적으로 자식이라고 불리는 자들 중에는 (한 명이든 여러 명이든 간에) 통치 우두머리보다 더 박식한 동시에 지적인 능력이 더 뛰어난 자들이 많이 있다. 그리고 우두머리가 여러 명이어서 소위 자식들이 그 우두머리를 구성할 자들을 자기들 중에서 뽑아야 하는 경우, 습관적으로 그들은 가장 적합한 자를 무시한다. 그 결과 통치권은 집합적인 지혜보다는 집합적인 광기에 의해 행사된다. 이렇게 되면 아버지와 자식의 관계가 또 다른 방식으로 뒤집어진다.

따라서 소위 이 병행주의에 기초한 국가 기능 이론은 완전히 틀렸다. 부모와 자식의 관계와 정부와 국민의 관계가 유사하다고 주장하는 근거는 그 유사함을 옳다고 받아들이는 사람들의 유치한 생각일 뿐이다.

2

다음에는 또 하나의 국가 의무 관념에 주목해야 하는데, 이것은 앞의 것과 동시에 생겨났지만 그것과는 점차 분리되었다. 전쟁을 수행하는 데 필요한 정부 활동 경험이 이 관념을 생겨나게 했다. 전쟁이 최근까지는 정부의 주요한 활동이었기 때문이다.

가부장제 유형 이전의 사회 집단에서는 지배권이 빈번

한 전쟁에 의해 확립된다. 가부장제 집단에서는 전사들의 우두머리가 대개 국가의 수장이다. 이 동일성은—다음 단계들을 통해 계속되기 때문에—정부의 일반적인 성질을 결정한다. 훌륭한 군인을 만들기 위해서는, 사람들을 계급별로 나누고 또 전쟁 같은 연습으로 훈련시켜야 한다. 또한 그들의 일상적인 습관을 고쳐 효율성을 향상시켜야 한다. 이뿐만이 아니다. 군인으로서의 왕은—공동체 전체를 군인과 보급품을 공급하는 단체로 보기 때문에—신민들의 생명 전체에까지 통제력을 확대한다. 그리고 국가들은 일반적으로—많은 국가들이 여전히 그렇듯이—두드러지게 호전적이기 때문에, 정부 권력에 대한 이러한 관념은 이에 수반되는 국가 의무 관념과 함께 거의 보편화되었다.

그리스 국가들 중에서 가장 호전적인 스파르타에서는 전쟁 준비가 일상의 일이었으며, 생활 전체가 이 준비를 목적으로 통제되었다. 아테네에서는 이 목적을 달성하기 위해 그런 분투적인 노력이 행해지지는 않았지만, 그래도 이 목적을 주된 것으로 인정하였다. 플라톤의 이상적인 공화국에서는 교육으로 시민들을 사회적 요구에 적합하게 만들어야 한다. 이 사회적 요구 중에서 가장 중요한 것은 국가 방위였다. 그리고 그 구성 단위들에 대한 합병 공동체의 이 권력은 부모를 선택하고 당연히 그들의 나이에 맞춰서 출산을 조절할 정도로 컸다. 또한 아리스토텔레스는 그의 『정치학^{Politics}』에서 자녀 교육을 부모에게서 빼앗아야 하며, 또한 국민의 여러 계급은─상이하게 교육 받아─공적인 요구에 제각기 적응해야 한다고 주장하였다. 그도 역시 입법자에게 결혼과 자식 출산을 조절할 권리를 부여하였다. 이렇게 해서 호전성에 의해 발전되고 전투 단체에 적합한 정부 기능 관념이 일반적인 정부 기능 관념이 되었다.

앞에서와 마찬가지로 여기에서도 우리는 다음과 같은 사실을 본다: 초기 발전 단계에 적합한 사상, 감정이나 습관은 이것들이 더 이상 적합하지 않은 나중 단계에도 내내 살아남아, 널리 퍼져 있는 믿음과 행동을 변질시킨다. 많은 사람은 그리스 사회에 적합한 국가 의무 관념이 현대 사회에도 적합하다고 생각하기 때문이다. 소크라테스가 생각해 내고 플라톤이 좋다고 인정한 최상의 사회 조직은 근로 계급이 그들보다 위에 있는 계급에게 절대적으로 복종하는 것이었다. 아리스토텔레스는 『정치학』에서─가족을 보통 자유인과 노예로 구성된다고 보았지만─질서정연한 국가에서 노동자는 국민이 아니며 모든 농부는 노예라고 가르쳤다. 그런데도 그리스의 국가 의무 이론을 받아들이는 것이 유익하다고 믿는 사람들이 아직도 있다! 아리스토텔레스는 노동자나 고용된 하인의 삶을 사는 사람은 미덕을 실천할 수 없다는 믿음으로 정의와 부정에 대한 자신의 생각을 보여주었는데, 사회 문제에서 정의와 부정에 대한 그의 관념을 따르는 것이 현명하다고 주장하는 사람들이 있다! 완전히 신분 관계에 따라 조직된 사회에 적합한 관념이 완전히 계약 관계에 따라 조직된 사회에 적합하다고 생각하는 것이다! 강제적인 협동 체계에 맞는 정치 윤리가 자발적인 협동 체계에도 적용된다!

3

강제적인 협동 체계를 찬양하는 사람들은 실제로 다음과 같이 변명한다: (실제로는 그렇지 않더라도 잠재적으로는) 호전적인 생활이 우리 나라에서는 어느 정도로 그리고 대륙에서는 훨씬 더 큰 정도로 여전히 사회 생활의 무시 못할—많은 경우에는 매우 중요한—부분을 이루고 있어, 이 전통적인 학설은 현재의 상황에 알맞다.

실천에서 끊임없이 이루어져야 하는 옛것과 새로운 것 간의 타협은 이론에서도 이루어져야 한다. 왜냐하면 이론은—평균적으로—실천과 일치해야 하기 때문이다. 그러므로 정부 활동을 단호히 제한해야 한다는 믿음은 일반적으로는 받아들여질 수 없다. 국가의 통제력이 제한된 영역 안에서만 올바르게 행사될 수 있다는 학설은 완전히 발전된 평화로운 산업 사회 유형에나 어울린다. 이 학설은 호전형이나 호전성과 산업주의 간의 과도기형에는 어울리지 않는다. 공동체와 그 구성 단위들이 공동으로 또는 제각기 해외에서 부정한 짓을 저지를 때는 공동체와 그 구성 단위들 사이에 공정한 관계가 있을 수 없다. 자신들의 대의명분이 공정한가에 대해서는 아무것도 묻지 않고 피고용인으로서 다른 사람들을 쏘라는 명령에 복종하는 자들은 공정한 사회 제도를 확립할 수 있는 사람들이 아니다. 유럽 국가들이 열등한 민족들이 사는 지역을—이 민족들의 요구에 빈정거리며 무관심한 채—자기들끼리 나누어 갖는 한, 이 각 나라의 정부가 개인들의 요구에 대해서 호의를 보이고 이런저런—분명히—정치적인 조치를 그만두리라고 기대하는 것은 어리석다. 외국에서 정복을 행하는 세력에게 그들이 빼앗은 땅에 대한 권리를 주는 한, 의회의 법안은 무슨 일이든 할 수 있고 집합체는 제한 없이 개인의 의지에 참견해도 된다는 학설이 당연히 국내에서 지속

될 것이다.

 실제로 현재의 조건에서는 제약받지 않는 국가의 권위에 대한 믿음이 필요하다고 당연히 주장할 수 있다. 공동체가 지정하거나 받아들이는 통제 기관은 어떤 제지도 받지 않는다는 암묵적인 가정을 옹호할 수 있다. 이 가정이 없을 경우, 비상 사태에 대처하는 데 때때로 필요한 연합 행위를 확보할 수 없기 때문이다. 전쟁 때 지도자에 대한 믿음의 부족은 패배 원인이 될 수도 있는 것처럼, 전쟁 때 정부의 권위에 대한 회의주의는 치명적인 망설임과 불화를 일으킬 수도 있다. 그러므로 적개심을 부추기는 종교가 우호를 내세우는 종교를 크게 제한하는 한, 무제한적인 국가 권위 학설이 유행할 것이다.

4

 그리고 지금—국가 의무에 대한 현재의 개념이 어떻게 해서 생겨났는지 또 그것이 현대의 조건에 부분적으로밖에 적응되지 않았음에도 불구하고 어떻게 해서 살아남았는지를 보았기 때문에—우리는 국가 의무에 대한 진정한 개념을 받아들일 준비가 더 잘 되어 있다. 강제적인 협동 원리에 따라 조직된 사회에 적합한 정부의 적정 영역 이론이 자발적인 협동 원리에 따라 조직된 사회에 맞지 않을 (확실성은 아니지만) 개연성을 인정한 만큼, 이제는 자발적인 협동 원리에 따라 조직된 사회에 적합한 이론이 무엇인지를 계속해서 물어볼 수 있다.

각각의 국민은 인류의 한 종을 이룬다. 인류의 일반적인 복리는 가장 우수한 종의 번영과 확장에 의해 달성될 것이다. 약탈에 기초한 진보 단계가 끝난 다음에는—사회들 간의 경쟁이 폭력 없이 행해지는 단계가 온 다음에는—(다른 조건들이 똑같다면) 가장 우수한 개인들을 가장 많이 배출하는 사회가 점점 더 우세해질 것이다. 가장 우수한 개인들을 배출하고 유지하는 일이 이루어지는 경우는 각자가 그 자신의 성질과 거기에서 생겨나는 행동의—좋든 나쁘든 간에—결과를 받아들인다는 법칙을 준수할 때이다. 그리고 사회 상태에서는 자신에게 이러한 결과를 가져다주는 각자의 행동이 억제되어야 한다. 비슷하게 행동하고 그 결과를 경험하는 다른 사람들의 존재에 의해 한계가 부과되기 때문이다. 그러므로—다른 조건들이 똑같다면—유능한 개인들의 최대 번영과 증대는 다음과 같은 곳에서 일어날 것이다. 즉 다른 사람들에 의한 그런 요구의 충족에 간섭하지 않고 그 자신의 성질의 요구를 충족시킬 수 있도록 각자의 품성이 형성된 곳에서는 유능한 개인들의 최대 번영과 증대가 일어날 것이다.

그렇다면 법인 자격으로서의 사회, 즉 국가의 의무는 무엇인가? 외부의 위험으로부터 지키는 일을 국가에서 더 이상 요구하지 않는다고 한다면, 국가가 해야 할 일로는 어떤 것이 남아 있는가? 개인의 경우와 마찬가지로 사회나 인류에게도 필요한 것은 개인들이 앞에서 거론한 조건에 복종하면서 각자의 삶을 사는 것이라면, 법인 자격으로서의 사회는 이 조건을 따라야 한다고 강조하지 않을 수 없다. 전쟁이 없을 경우 정부가 해야 할 일이 이것보다 더 많든 적든 간에, 분명한 것은 정부는 이 일을 해야 한다는 사실이다. 또한 암암리에 분명한 것은 이 일을 방해하는 짓은 결코 허용해서는 안 된다는 사실이다.

따라서 국가 의무의 한계라는 문제는 정의를 지키는 것을 넘어 국가가 정의를 어기지 않으면서 다른 무언가를 할 수 있는가라는 문제가 된다. 잘 생각하면, 국가는 그렇게 할 수 없음을 우리는 알게 될 것이다.

5

만일 국가가 앞에서 명시한 의무를 이행하는 것보다 더

한 일을 한다면, 국가는 제각기든 공동으로든 그 의무를 번복하는 두 방법 중 어느 한 가지나 두 가지 모두로 그렇게 해야 한다.

국가가 수행하는 그 밖의 활동 중에서 한 가지 종류는 몇몇 개인들의 자유를 다른 개인들의 동일한 자유를 유지하는 데 필요한 것보다 더 많이 제약하는 활동 항목에 들어간다. 그러한 활동은 그 자체가 동등 자유의 법칙을 어기는 것이다. 만약 정의가 각 개인의 자유는 모든 이의 동일한 자유에 의해서만 제한된다고 주장한다면, 그에게 그 이상의 제한을 가하는 것은 부당하다. 그것을 강요하는 권력이 한 사람이든 백만 명의 사람이든 상관없다. 우리가 이 책의 도처에서 본 것처럼, 우리가 공식화한 일반적인 권리와 이것에서 추론할 수 있는 모든 특수한 권리는 국가의 권위 때문에 존재하는 것이 아니다. 국가는 그 권리들을 보존하는 수단으로 존재한다. 따라서—그 권리들을 보존하는 대신에—그것들을 침해한다면, 국가는 나쁜 짓을 막기보다는 나쁜 짓을 저지른다. 모든 사회가 그렇지는 않지만, 그래도 우리 사회에서는 공적인 권위가 요구하는 선善의 기준에 미치지 못하는 영아 살해를 아마도 살인으로 간주할 것이다. 그것이 한 사람이 아니라 많은 개인에 의해 저질러졌다 하더라도 말이다. 그리고 예전에는 그렇지 않지만, 그래도 우리 시대에는 사람들을 그들이 태어난 곳에서 떠나지 못하게 하거나 법이 지정한 것 이외의 다른 직업을 갖지 못하게 하는 것은 그들의 자유에 대한 참을 수 없는 침해로 간주될 것이다. 그러나 그들의 권리에 대한 이 큰 침해가 나쁜 짓이라면, 작은 침해도 나쁜 짓이다. 도난당한 금액이 1파운드이든 1페니이든 간에 도둑질은 도둑질이라고 간주되는 것처럼, 우리는 침해가 크든 작든 간에 침해는 침해라고 생각해야 한다.

또 다른 종류의 사례에서는 부정不正이 특수하고 직접적이지 않고 일반적이며 간접적이다. 그의 신체, 재산 및 자유를 상해傷害로부터 지키는 비용을 지불하기 위해서가 아니라, 그가 동의한 적이 없는 다른 활동의 비용을 지불하기 위해 시민들에게서 돈을 받는 것은 상해를 막는 것이 아니라 상해를 저지르는 것이다. 돈을 받는 명목과 관례는 우리가 보통 세금을 자유의 감소라고 보지 못할 만큼 사실들을 많이 숨긴다. 징수된 돈은 그만큼의 행해진 노동을 나타내며, 그 노동의 산물을 가져간다는 것은 개인에게 그 노동으로 얻은 그만큼의 이익을 갖지 못하게 하는 것이거나 아니면 더 많은 노동을 하게 한다는 것이다. 복종하는 계급들이 —부역corvées이라는 이름으로— 영주에게 시간이나 노동으로 명시된 봉사를 제공해야 했던 봉건 시대에는 부분적인 노예 제도가 분명히 있었다. 그리고 봉사가 돈으로 대체되었을 때도, 그 관계가 형식이 바뀌었을 뿐 실질적으로는 여전히 똑같았다. 지금이 그렇다. 납세자들이 국가 부역 의무가 있다는 것은 여전히 확실하다. 그들은 특수한 종류의 노동을 제공하는 대신에 그와 동등한 가치의 금액을 제공하기 때문이다. 그리고 본래의 숨김없는 형태의 부역이 자유의 박탈이었다면, 현대의 위장된 형태의 부역도 자유의 박탈이다. "그러므로 당신의 노동 중 많은 부분은 당신 자신의 목적이 아니라 우리의 목적에 바쳐야 한다"고 정부 당국은 시민들에게 말한다. 그리고 이것이 어느 정도로 행해지든 간에, 시민들은 그만큼 정부의 노예가 된다.

"그러나 그들은 그들 자신의 이익을 위한 노예이다. 그리고 그들에게서 받은 돈으로 [정부가] 하는 일은 어떤 식으로든 그들의 복리에 도움이 될 것이다"라고 대답하는 사람이 있을 것이다. 그래, 이론은 그렇다. 하지만 그 이론은 법령집을 가득 채운 엄청난 양의 유해한 법령들과 일치하지 않는다. 게다가 이 대답은 적절하지 않다. 문제는 정의의 문제이다. 그리고 이 특별한 공공 지출로 얻게 되는 이익이 세금을 내는 모든 이들 사이에 골고루 분배된다고 가정하더라도(사실은 그렇지 않지만), 그 이익이 공정한 사회 질서라는 근본적인 원칙과 모순된다는 것은 여전히 사실일 것이다. 인간의 자유는 그래도 역시 침해받는다. 그를 강제하는 자들은 그에게 이익이 되리라 믿고 그렇게 하기 때문이다. 이렇게 그의 의지에 자신들의 의지를 억지로 강제하기 때문에, 그들은 그 사람에게서 동등 자유의 법칙을 위반하고 있다. 그 동기가 무엇인지는 중요하지 않다. 한 사람이 저지르면 흉악한 짓이 되는 침해가 다수가 저지른다고 해서 용납되는 것은 아니다.

대부분의 사람들은 제약받지 않는 국가 권력에 대한 이러한 거부를 읽게 되면 분명히 놀랄 것이다. 또한 국가가 지정된 한계를 넘어서면 위반을 저지르는 것이라는 이 암묵적인 주장도 대부분의 사람들을 놀라게 할 것이다. 언제 어디서나 기존의 제도나 관습에 따라다니는 믿음은 그 신봉자들에게는 바꿀 수 없는 것 같다. 종교 박해의 광기 뒤에는 어디서나 다음과 같은 확신이 있었다. 즉 현재 통용되는 믿음을 반대하는 것은 고의적인 악의이거나 마귀에 사로잡혔다는 것을 의미한다는 확신이 있었다. 교황이 왕보다 높은 최고의 존재였던 시절에는 교회의 권위를 의심하는 것은 끔찍한 짓으로 여겨졌다. 오늘날 아프리카 일부에서 현지의 종교를 거부하는 것이 얼마나 끔찍한 짓으로 생각하는지는 그 종교를 믿지 않는 유럽인들에 대한 다음과 같은 언급이 보여준다. "이 백인들은 진짜 어리석다!" 정치의 경우도 그랬다. 최근까지도 "왕이 말하는 것은 무엇이든 행해져야 한다"고 직접 선언하면 사형당하지 않는 피지[3]처럼, 통치자의 무한한 권력을 의심하는 일은 있을 수 없다고 여겨졌다. 유럽에서 왕권신수설이 보편적으로 받아들여졌을 때, 거의 모두가 많은 사람이 한 사람에게 복종해서는 안 된다는 주장을 최악의 범죄로 여겼다. 한 세기 전만 해도 "교회 만세! 국왕 만세!"를 외치면서 폭도들은 기존 형태의 정부나 교회 조직을 공개적으로 반대한 설교자의 목숨을 기꺼이 빼앗았다. 아직도 어느 정도는 그렇다. 국가의 무제한적인 권위를 부정하는 자는 확실히 대부분의 사람들에게 바보나 광신자로 여겨진다. "왕을 둘러싸고 있는 신성함" 대신에 지금은 의회를 둘러싸고 있는 신성함이 있다. 다수의 무지한 사람들이 임명한 우두머리

---

[3] 피지Fiji: 남태평양 서부 멜라네시아의 남동부에 있는 섬.

가 많은many-headed 정부가 하늘이 지명했다고 보는 우두머리가 하나single-headed인 정부를 대신하였는데, 이 우두머리가 많은 정부는 우두머리가 하나인 정부와 똑같이 제약받지 않는 권력을 요구하고 있으며 또 그러한 권력을 부여받고 있다. 종종 똑똑하고 정보가 더 많은 소수를 강제할 (대부분 어리석고 정보가 부족한) 다수의 신성한 권리가 다수가 내리는 모든 명령에 확대되고 있는 것 같다. 그리고 이러한 제도가 당연히 옳다고 여기고 있다.

그러므로 "혈족에 의한 복수라는 신성한 의무"를 지지하는 사람들은 상해를 용서하라는 명령을 잘 받아들이지 않는 것처럼, 무수한 종류의 국가 보조금을 약속하는 것으로 표를 얻으려고 서로 열심히 경쟁하는 정당 정치인들은 국가 의무 학설에 주의를 기울이지 않을 것이다. 이 학설은 그들의 호의적인 계획을 대부분 무효화하기 때문이다. 그러나 그들에게서 나오는 경멸적인 비난에도 불구하고, ─ 앞에서처럼 ─ [우리는] 그들의 계획이 조화로운 사회 생활이라는 기본적인 원칙과 모순된다고 여전히 주장하지 않으면 안 된다.

6

 『윤리학 원리』의 이 부분은—그 한계 안에 엄격하게 머무른다면—여기에서 끝내야 한다. 우리는 국가의 의무에 관한 절대적인 윤리의 언명이 무엇인지를 보았으며, 또한 국제적인 침략 때문에 그 필요성이 인정되는 상대적인 윤리가 어떤 제한을 의미하는지도 보았다. 게다가 사회 생활이 호전적인 형태에서 산업적인 형태로 이행될 때 과도하게 찬양된 (자연스러우며 어느 정도는 필요한) 국가 권위 개념이 부당한 국가 활동을 많이 불러일으킨다는 것도 우리는 보았다. 그러나 여기에서는 이론상 부당한 이 활동들이 실천적으로도 현명치 못하다는 사실을 약간의 지면을 통해 증명하는 것이 바람직할 것이다.

 물론 이 주제는 방대하기 때문에 이용할 수 있는 이 지면에서는 충분히 다룰 수 없다. 우리는 이 주장의 여러 부분을 개략적으로 진술하면서 그 의미를 드러내는 데 필요한 예를 조금 제시하는 것으로 그칠 것이다.

 우리는 먼저 일반적으로 다른 것들과는 현저하게 다른 하나의 수단으로 간주되는 국가를 다룰 것이다. 그러고 난 뒤 다음과 같은 가정을 검토할 것이다: 국가는 외부나 내부에서의 침해로 일어나는 것 이외의 해악도 제거할 수 있는 성질을 지녔다. 그리고 나서는 국가에 의무를 부여해 적극적인 이익을 달성할 수 있는 권력을 준 이유의 타당성을 고찰할 것이다. 끝으로는, 궁극적인 목적(인간성의 더 높은 발전)이 국가의 확대된 활동으로 도움을 받을지 방해를 받을지를 알아볼 것이다.

주註

다음의 세 장에서 진술하는 결론에 대해서는 이렇게 말하는 것이 적절하리라: 이 결론의 타당성을 지지하며 제시한 증거와 사용된 논증에 비추어서만 그 타당성을 평가해서는 안 된다. 이 결론의 완전한 변호에 대해서는 그리고 그 결론을 정당화하는 수많은 사실에 대해서는, 나는 독자에게 이따금 발표한 여러 평론을 참조하기를 권한다. 이 평론들은 지금 나의 도서관판 평론집에 재수록되어 있다. 그 평론들의 제목은 다음과 같다: '과잉 입법', '대의제 정부—어떤 이익이 있는가?' '화폐와 은행에 대한 국가의 간섭', '집합 지혜', '정치적 물신 숭배', '전문화된 행정'. 이외에도 『사회 정학』 후반부의 여러 장이 있다. 『사회 정학』은 내가 현재 유통을 금지시켰는데, 그중에서 발췌한 일부는 곧 재출간하고 싶다.

제5장
국가 의무의 한계 ②

> 의회 절차에서 우리가 목격하는 것은
> 전적인 무모함과 터무니없는 신중함의 양극단이다.

1

우리는 (제1장에서) 진화의 나중 단계에는 사회가 초기 단계와는 근본적으로 다른 성질을 지닐 수도 있다는 것을 보았다. 그래서 우리는 이러한 결론을 이끌어냈다: 그 사회가 어느 한 성질을 가졌을 때 적절했던 국가 의무 이론은 그 사회가 다른 성질을 가지면 부적절한 것이 될 수밖에 없다. 여기에서 또 하나의 결론을 이끌어내지 않으면 안 된다. 이러한 성질의 변화는 다음 사실을 암시한다: 처음에는 아주 잘 수행한 여러 기능을 그 국가에게서 면제해주면, 그 기능들을 수행하는 더 나은 다른 행위자들이 생겨난다.

전쟁이 일상의 일이었을 때, 호전적인 조직이 필수적이었을 때, 그리고 부주의한 사람들에게 질서를 지키게 하고 이들의 반사회적인 성질을 억제하기 위해 강압적인 통치가 필요했을 때는, 비정부적인 성질의 기관들이 발전할 수 없었다. 시민들은 대규모의 사적인 협동에 필요한 수단도 경험도 성격도 사상도 없었다. 따라서 모든 큰 목적은 국가에 맡겼다. 도로를 만들어야 한다면, 운하를 파야 한다면, 수로를 건설해야 한다면, 유일한 수단은 노예들에게 행사되는 정부의 권력이었다.

그러나 호전성이 쇠퇴하고 산업주의가 상승하면서—신분 체계가 쇠퇴하고 계약 체계가 성장하면서—수많은 종류의 기능을 수행하기 위한 많은 자발적인 결사체가 시민들 사이에서 점차적으로 생겨날 수 있었으며 또 그렇게 생겨났다. 이러한 결과는 습관, 성향, 사고 방식 등의 변화 때문이었는데, 이러한 변화는 매일의 봉사 강요 대신에 동의 아래 이루어지는 매일의 봉사 교환으로 여러 세대에 걸쳐 일어났다. 한 가지 결과는 다음과 같은 것이다: 예전에는 정부의 권력만이 달성할 수 있었던 다양한 목적이 지금은 정부의 권력 없이도 달성될 수 있다.

국가의 활동 범위를 논할 때 우리는 대단히 의미 있는

이 사실을 고려해야 한다. 이뿐만 아니라 우리는 하나의 명백한 추론도 고려해야 한다. 앞에서 지적한 변화는 결코 끝나지 않았다. 그러므로 우리는 당연히 이러한 결론을 내려도 된다: 국가가 이전에 수행했던 기능을 더 이상 하지 않아도 새로운 진보는 이를 정당화할 것이다.

2

이처럼 국가에 의한 기능을 포기하고 다른 기관이 그 기능을 맡는 것이 진보를 이룬다는 사실은 조직의 법칙에 대해 조금이라도 아는 사람에게는 명백할 것이다. 그렇지만—불행하게도—학창 시절에는 무의미한 시나 지었고 지금은 대중의 인기를 끌기 위한 ad captandum 입법을 밀어붙이며 성인기를 보내는 이들은 이러한 진실을 인식하지 못하고 있다. 개인 유기체와 사회 유기체의 경우, 낮은 상태에서 높은 상태로의 진전은 구조의 이질성 증가와 기능의 세분화 증가로 특징지어진다는 사실보다 더 확실한 것이 없기 때문이다. 두 경우 모두 부분들의 상호 의존이 있는데, 이 상호 의존은 그 유형이 높아질수록 더 커진다. 그리고 이것은 하나의 기능이 하나의 부분에 점점 더 제한된다는 것을 의미하지만, 또한 그러한 부분이 그러한 기능에 점점 더 적합해진다는 것도 의미한다.

약 50년 전에 밀네드와르스[1]가 동물들의 이 발전 원리에 '생리학적 분업'이라는 이름을 붙여주었을 때, 그는 생명 경제와 사회 경제 사이의 병행 관계를 인정하였다. 그리고 이 병행 관계는 성장하면서부터 더욱 분명해졌다. 그러나 교양 있는 소수의 사람들의 경우이긴 하지만, 지금은 이 병행 관계를 약간 막연하게나마 인정하고 있다. 특히 사회 유기체의 산업 부분이 나타내는 분업의 증대는 경제학자들에 의해 잘 알려졌고, 또 경제학자들은 당연히 그 이익을 강조하였다. 그렇지만 그 원칙이 사회 지휘부에도 적용되고 이것과 다른 부분들의 모든 관계에도 적용된다는 진실에 대한 인식은 거의 없다. 예증하는 사실은 없어도, 우리는 다음 사실을 확신할 수 있다: 전문화와 그 결과로서 생기는 제한은 대개 사회의 다른 모든 구조의 경우와 마찬가지로 사회의 규제 구조에서도 일어난다. 그리고 이익은 그러한 전문화와 제한으로 얻어지며, 그 어떤 반대 방향으로의 변화도 후퇴가 된다.

그러므로 우리의 결론은 앞에서와 똑같다. 모든 것을 포

---

[1] 앙리 밀네드와르스Henri Milne-Edwards: 프랑스의 동물학자(1800~85).

괄하는 국가 기능은 낮은 유형의 사회를 특징짓는다. 그리고 더 높은 사회 유형으로의 진보는 기능의 포기로 특징지어진다.

3

대부분의 독자는 이러한 일반적인 결론을 거의 신뢰하지 않을 것이다. 독자들이 흔쾌히 인정할 수 있는 논거로 이 결론을 강력하게 주장할 필요가 있을 것이다.

제5절[2]에서 나는 생명체의 번성은 그 각각의 부분에 각각의 의무를 적절히 할당하는 데 달려 있다고 지적하였다. 그리고 부분들 간의 필요한 세력 균형은 영양분을 얻으려는 지속적인 경쟁에 의해 이루어질 뿐만 아니라, 각 부분에 그것이 일한 만큼 소모된 영양분의 양이 흘러 들어가는 것에 의해서도 이루어진다는 또 하나의 사실도 지적하였다. 사회의 산업 부분 도처에서의 경쟁이 그와 똑같은 균형을 비슷한 방법으로 얻는다는 사실은 증명이 필요없다. 그리고 노력과 이익 사이의 이 관계를—가능한 경우에는 언제나—유지함으로써 일반적인 사회적 욕구가 가장 잘

---

[2] 『윤리학 원리』 2권 4부 제5절 「정의 개념 The Idea of Justice」을 가리킨다.

충족된다는 것은 명백하다.

그런데 현대 사회 생활의 많은 부분을 이루고 있는 모든 비정부 주도의 협동체에서는 이러한 균형 맞추기가 자발적으로 행해진다. 나는 우리의 산업 조직 도처에서 나타나는 공급과 수요의 원리를 강조할 필요가 없다. 바로 이 원리가 다른 모든 비정부 기관―자발적인 종교 교육단체, 박애 단체, 노동조합―전부에 통용된다는 사실을 넌지시 말하는 것으로 충분하다. 무엇보다도 그러한 활동과 성장, 또는 정체와 쇠퇴는 그 기관들이 기존의 욕구를 충족시키느냐 아니냐에 따라 일어난다. 또한 이것이 전부는 아니다. 아무리 강조해도 지나치지 않은 진실은 이처럼 심한 경쟁 때문에 이 각각의 기관이 일정한 양의 영양분에 대한 답례로 기능을 최대한 수행해야 한다는 것이다. 게다가 경쟁은 끊임없이 각 기관을 향상시킨다. 이 목적을 위해 각 기관은 가장 좋은 기구를 이용할 뿐만 아니라 가장 훌륭한 사람들을 얻고 싶어하기도 한다. 효율성과 번영 사이의 직접적인 관계는 모든 자발적인 협동체로 하여금 열심히 일하게 한다.

이에 반해 강제적인 협동은―정부의 활동은 이 강제적인 협동으로 이루어지는데―기능과 영양분 사이의 직접적인 관계 대신에 매우 간접적인 관계를 우리에게 보여준다. 공공 부서들은 모두 군사적인 방식에 따라 엄격하게 조직화되고 강제로 거둔 세금으로 유지된다. 각각의 공공 부서는 대부분 당파적인 이유로 지명된 우두머리에게는 책임을 지지만, 그것들의 생존 및 성장 수단에 대해서는 자신들이 이로움을 주어야 할 사람들에게 즉시 의지하지 않는다. 효율적이며 신속한 의무 수행을 자극하는 파산의 두려움이 없다. 더 경제적으로 일하는 경쟁자에게 업무를 빼앗기는 경우도 없다. 개선을 채택해 이익을 증대하지 않으며, 하물며 개선을 생각해내 이익을 증대하는 경우는 더더욱 없다. 온갖 종류의 결함이 생겨난다. 최근 한 관리는 내가 게으르다고 평한 다른 관리에 대해 다음과 같이 말하였다. "아, 그는 돈을 잘 벌어요. 그는 사람들이 자신을 귀찮게 하는 것을 원하지 않아요." 가져오는 이익과 받는 보수 사이의 이 간접적인 관계의 결과로 정부 기관은 더 이상 도움을 주지 못해도 계속 존재할 수 있으며, 수년 동안—때로는 수세대 동안—운영 자금을 받는다. 정부의 기관들이 무기력하거나 부주의하거나 느리면, 이런 비효율성은 정부라는 기구를 통해 행사되는 압력으로 고쳐져야 한다. 그렇지만 이 기구 역시 굼뜨고 복잡하기 때문에 많은 참을성을 갖고 압박을 세게 가할 때만 필요한 변화가 일어날 수 있다.

4

 신문은 매일 이러한 진실의 실례를 세상 사람들에게 알린다. 이 진실은 우리가 국가에 맡기는 것 이외에 다른 대안이 없는 그런 본질적인 기능들에도 해당된다. 국민과 개인을 보호하는 기관들이 제대로 기능하지 못한다는 것이 끊임없이 빈축을 사는 원인이다.

 육군 행정의 실례는 왕가의 공작이 최고 사령관 지위를 보유하는 것, 계급 이익을 만족시키기 위해 장군의 수를 늘리는 것, 승진이 공적에 따라 결정되는 정도가 적은 것 등에서 볼 수 있다. 또한 외국 관리들이 하고자 하는 개선을 우리나라 관리들은 묵살하는 것, 그리고 무기고에서 고용인들을 통해 비밀이 계속 누설되는 것에서도 육군 행정의 실례를 볼 수 있다. 비축물─총검, 칼, 탄약통, 잘못된 크기의 포탄─에 관한 놀라운 폭로에서도 그 실례를 볼 수 있다. 또한 1887년의 조사 위원회는 다음과 같이 말하였다. "현재의 체제는 명백한 목적을 지향하지 않는다. 명백한 규칙으로 통제되지 않는다. 그리고 제대로 준비하지 못했다. 전쟁 물품의 적절한 공급과 제조를 위한 것이든, 전쟁 물품을 제대로 만들지 못한 자들의 책임감을 강화하기 위한 것이든, 또는 전쟁 물품이 잘못 만들어지고 있다는 사실을 확인하기 위한 것이든 말이다."

해군도 육군만큼이나 관리가 잘못되고 있다는 사실을 불만, 조사, 폭로는 계속해서 우리에게 상기시킨다. 모든 사람은 희년禧年[3])을 맞이해 해군이 기동 연습을 한 이야기를 기억하고 있다. 이때—해전의 시련을 겪지 않았어도—상당히 많은 크고 작은 배들이 어떤 식으로든 재난을 당했다(충돌, 폭발, 엔진 고장 등). 그 후에는 작지만 마찬가지로 중대한 사고들이 있었다. 이 사고들은—같은 해에—해협을 순항하는 24척의 어뢰정에서 잇달아 일어났다. 순항 중에 24척 가운데 8척이 상당히 손상되었다. 대형 선박은 조종이 안 되고, 총은 폭발했으며, 배는 좌초했다는 보고가 자주 나오고 있다. 그 후—이와는 상당히 대조를 이루는데—제1급 군함 '술탄'호는 좌초한 다음 가라앉았는데, 해군 본부는 이 배가 실종됐다고 간주하였다. '술탄'호는 다시 어느 사기업에 의해 들어 올려져 구조되

---

3) 희년Jubilee: 유대 민족이 가나안에 들어간 해부터 기산起算하여 50년마다 공포된 안식의 해.

었다. 이외에도 1887년 3월에 발간된 해군본부 행정 보고서는 다음과 같이 지적하였다. "여기에서 폭로한 대로 관리하면, 그 어떤 상업 회사라도 몇 달 내에 파산 법정에 가야 할 것이다."

  법을 만들고 집행하는 일도 마찬가지이다. 어리석음과 실패가 끊임없이 드러나기 때문에, 이 어리석음과 실패에 대해서 여론이 무감각해져 있다. 의회 절차에서 우리가 목격하는 것은 전적인 무모함과 터무니없는 신중함의 양극단이다. 때때로 법안은 토론 없이 서둘러서 모든 단계를 통과한다. 때로는 ─ 신중한 고려 때문에 그 법안의 제정이 연기된 다음 ─ 법안은 심의를 중단하고는 다음 회기에 다시 입법 과정 전부를 거쳐야 한다. 모든 우발적인 사건에 대처하기 위해 법 조항을 개정하고 또 개정한다. 법령은 ─ 통과되어도 ─ 이전에 제정된 엄청나게 많은 법 속에 파묻히며 혼란을 악화시킬 뿐이다. 불평과 비난은 아무 소용이 없다. 1867년 주요한 법률가들과 정치인들 ─ 크랜워스[4], 웨스트베리[5], 케언스[6] 및 그 밖의 사람들 ─ 로 이루어진 한 위원회의 보고서는 법전을 위한 준비로 요람digest

---

4) 크랜워스 경Lord Cranworth: 영국의 정치인이자 법률가(1790~1868).
5) 웨스트베리 경Lord Westbury: 영국의 법률가(1800~1873).

의 필요성을 역설하면서, 시민들에게 그들이 따라야 할 법을 아는 방법을 제공하는 것이 국가의 의무라고 주장하였다. 그런데 때때로 문제를 제기했지만, 아무것도 이루어지지 않았다. 국가에 의해서는 아무것도 행해지지 않았고, 사적인 개인들에 의해 얼마간 행해졌다. 치티[7]의 『형평성 지수』와 제임스 스티븐 경[8]의 『범죄법 요람』은 입법자들에게 그들 자신과 전임자들에 의해 행해진 것을 어느 정도 가르쳤다. 관습은 우리의 눈을 멀게 해, 다음과 같은 사실의 기괴한 성격을 인식하지 못하게 한다: 법률가들조차도 새로운 법령의 의미가 무엇인지를—판사들이 그 법령에 따라 판결할 때까지는—알지 못한다. 한편 판사들 자신은 그들이 해석해야 할 엉터리 입법에 대해서는 큰소리로 반대한다. 한 판사는 어느 법 조항에 대해서 말하였다. "그 법 조항의 의미를 기안자나 그것을 채택한 의회가 이해했다고 생각하지 않는다." 또 다른 판사는 이렇게 공언하였

---

6) 휴 케언스Hugh Cairns: 영국의 정치인(1819~85).
7) 에드워드 치티Edward Chitty: 영국의 법률가(1804~63). 『형평성 지수 Equity Index』는 1831년에 출간되었다.
8) 제임스 스티븐 경Sir James Stephen: 영국의 법률가이자 저술가 (1829~94). 『범죄법 요람Digest of the Criminal Law』은 1876년에 출간되었다.

다. "인간의 능력으로는 이보다 더 모호한 말을 찾을 수 없다. 모든 사람을 곤혹스럽게 한다." 당연한 결과로서 매일 항소가 잇따른다(판결은 계속 뒤집히고 또 뒤집히기 때문에, 가난한 소송 당사자들은 부유한 소송 당사자들에게 굴복할 수밖에 없다. 이들은 가난한 소송 당사자들을 계속 재판에 불러냄으로써 파산시킬 수 있다). 굉장히 높은 비율의 유죄 판결 역시 매일 분개하게 만드는 하나의 원인이다. 파버샴[9]에서 일어난 일인데, 한 배고픈 추수꾼은 그가 베어내고 있었던 밭에서 조금 먹었다고 감옥에 보내졌다. 한 부자는 폭행을 저질렀는데, 그는 얼마 안 되는 벌금을 내면 된다. 유죄 판결을 받기 전의 피의자나 무죄가 입증된 사람들이 겪는 대우는 더욱더 수치스럽다. 전자의 경우에는 무죄를 확정하는 재판이 있을 때까지 수개월 동안 감옥에 갇힌다. 후자의 경우 무죄가 인정될 때까지 오랫동안 벌을 받은 다음 '특사'를 받는다. 고통을 입은 것과 생활에 피해를 입은 것에 대해서는 어떤 보상도 받지 못한다.

일상생활에서의 아주 작은 거래(택시비 또는 넥타이 구입)조차도 우리에게는 행정의 서툰 솜씨를 생각나게 한다. 그

---

9) 파버샴Faversham: 영국 잉글랜드 남동부의 주 켄트Kent에 있는 타운.

것은 경화 주조에서 가장 잘 나타난다. 우리는 혼합된 제도(십진법, 12진법)와 정체를 알 수 없는 화폐를 갖고 있다. 최근까지만 해도 3펜스짜리와 4펜스짜리 동전이 있었는데, 이 둘은 거의 구분할 수 없다. 희년 때 6펜스짜리 동전을 만들었는데, 4년 전부터 회수하였다. 이것은 금도금하면 똑같은 것으로 받아들여질 만큼 10실링짜리 금화[10]와 아주 비슷했다. 최근에 도입된 4실링짜리 동전도 자세히 살펴보아야만 5실링짜리 동전과 구분할 수 있다. 대부분의 경우 필요한 정보, 즉 동전의 신고 가격이 없다. 여기에서 또다시 수요에 적절히 적응하지 못한다. 어디에서나 작은 변화에 대한 불만 섞인 소리가 있다.

따라서 국가의 매우 본질적인 세 부분뿐만 아니라 하위 부문에서도 귀납법은 우리가 조직의 일반적인 법칙에서 이끌어낸 결론을 매일 늘어나는 증거로 증명한다.

5

이 일반적인 진실은 위에서 추상적으로 제시했고 구체적으로 예증되었는데, 여기에는 두 개의 주요한 함의가 있다.

---

[10] 10실링짜리 금화half-sovereign: 1917년에 폐지되었다.

일반적인 사람들이 매일 육군이나 해군의 행정과 법무 행정에서 예증되는 낭비, 어리석은 짓, 부주의와 폐쇄성을 용인한다면, 매우 중요하지도 않고 매우 큰 관심을 끌지도 못하는 부문에서 나타난 그것들은 그들이 훨씬 더 많이 용인할 것이다.

관료주의의 악습은 모든 종류의 공공 조직에 두루 존재한다. 이 악습을 억제할 필요성이 절박하지 않은 곳에서는 그 악습이 훨씬 더 극심할 것이다. 그러므로 국가가 본질적인 기능 이외에 비본질적인 기능도 떠맡으려고 할 경우, 우리는 국가가 이 비본질적인 기능을 잘 수행하지 못하리라고 결론짓는 것이 합리적일지도 모른다. 그뿐만이 아니라 그 성과가 더 나쁘리라고 결론 짓는 것 역시 합리적일지도 모른다.

두 번째 함의는 다음과 같다: 비본질적인 기능을 수행하는 데 주의력과 정력을 빼앗김으로써 본질적인 기능의 수행은 그 자체가 더욱 부실해진다. 적은 일을 행하는 능력은 다른 일이 많이 추가되면 약화될 수밖에 없다. 일반 대중이 많은 사항의 결점에 대해 비판하면, 이 비판은 적은 사항의 결점에 대해 행해질 때보다 효과가 없을 수밖에 없을 것이다. 의회가―다른 일에 거의 완전히 몰두하는 대신에—외부로부터의 보호와 내부로부터의 보호를 위한 행정에 거의 완전히 몰두한다면, 이 행정이 지금보다 더 효과가 있으리라는 사실을 감히 부인할 사람은 없을 것이다. 그리고 의회 연단과 언론에서의 논의가 거의 전부 다른 일들에 대한 것이 아니라 이러한 행정에 대한 것이라면, 일반 대중이 지금과 같은 행정의 비효율성을 용인하리라고 감히 주장하는 사람은 없을 것이다.

따라서 우리가 부실하게 수행되는 기능이 늘어나는 것을 피하고 싶든 또는 본질적인 기능이 더 잘 수행되게 하고 싶든 간에, 필요한 것은 똑같다: 제한limitation. 기능의 전문화는 직접적으로는 각각의 기능에 기관을 적응시킴으로써 그 기능의 수행을 향상시키고, 간접적으로는 각각의 기능에게 적절한 기관을 얻게 해서 다른 기능들의 수행을 향상시킨다.

6

대부분의 일반 대중은 사회 문제를 관리할 때 공정함이 적절한 것이라고 결론짓는—앞에서 말한—이유를 잘 알지 못할 것이다. 생명 현상이 문제가 될 때는, 자연법칙에 대한 믿음과 인과 관계의 보편성이 과학 세계에서조차 매우 강하지 않다. 그리고 일반인의 세계에서는 그러한 믿음이 매우 허약하다. 앞에서 한 주장 중에서는 매일 알려지는 사실들에 기초한 주장만 말할 것이다. 대부분의 사람들은 그러한 주장이 적절하다는 사실조차 부정할 것이다.

  따라서 직접적으로 관련된 증거에서 이끌어낸 다른 주장으로 그러한 주장을 강화할 필요가 있을 것이다. 이 주장에 한 장을 바치겠다.

제6장

국가 의무의 한계 ③

> 모든 나라의 역사는
> 단지 '사건의 시비곡직'에 따른 입법만으로는
> 엄청난 해악이 생겨났다는 것을
> 한결같이 보여주었다.

1

단순한 문제에서는 직접적인 지각을 믿으면 안 된다. 믿을 수 있는 결론에 도달하기 위해서는 감각의 불완전함을 바로잡을 수 있는 어떤 평가 방식을 채택해야 한다. 이와는 반대로 복잡한 문제에서는 순수한 성찰로도 충분하다: 우리는 일반적인 진실과는 관계없이 적절하게 증거들을 요약해 비교 평가할 수 있다.

이 어리석은 명제는 나의 독자 중 누군가를 미소짓게 하는가? 왜 그는 그러는가? 이 명제가—감춰진 형태로—그의 암묵적인 신념의 일부를 이룰 개연성은 십중팔구이다. 한 수공업자가 온도계를 깔보고 자기가 사용하는 액체의 정확한 온도는 손으로 더 잘 잴 수 있다고 말한다면, 독자는—사물의 뜨거움이나 차가움을 느끼는 것은 손의 온도에 따라 크게 달라진다는 사실을 알기 때문에—무지에서 생겨나는 이 자기 확신이 얼마나 어리석은지를 안다. 그러나 그는 수백만 명의 사람들에게 수많은 방식으로 영향을 미치는 어떤 행위의 결과에 대해 올바른 결론에—그 어떤 지도 원리가 없이도—도달하려는 시도가 결코 어리석다고는 생각하지 않는다. 여기에서는 직접적인 인상이 정확한지 검증할 수 있는 어떤 종류의 계량기도 필요없다. 예를 들어 그가 국가 보조금을 받는 학교에서 성과에 따른 보상 제도를 주창해야 하는지가 문제라면, 그는 그것이 교사에게 준 자극이 틀림없이 학생에게도 유익하리라 생각한다. 여기에서 생겨난 부담이 너무 크리라는 생각은 아마 그에게 떠오르지 않을 것이다. 아마도 그것이 기계적인 수용을 조장할 것이며, 단순한 주입식 공부가 궁극적으로 학습 혐오를 초래할지 모른다는 생각도 그에게는 떠오르지 않을 것이다. 똑똑한 학생들(이들의 성공은 교사에게 이익이 될 것이다)에게는 특별히 관심을 쏟지만, 그 결과 똑똑하지 못한 학생들을 소홀히 대할 수 있다는 생각도 그에게는 떠오르지 않을 것이다. 지식을 그 자체로서가 아니라 돈 버는 수단으로 평가하는 제도는 아마도 건전한 지성을 만들어낼 수 없을 것이라는 생각도, 그러한 제도 하에서는 교사조차 단순한 기계가 될 수 있다는 생각도 그에게는 떠오르지 않을 것이다. (그가 아주 분명하게 생각하는 것처럼) 즉각적인 결과는 알지만 먼 후일의 결과는 결코 인식하지 못하거나 경시하기 때문에, 그는 그 계획이 좋으리라는 사실을 의심하지 않는다. 약 20년 후에 그 계획의 효과가—수백만 명의 아이들의 건강을 해치고 엄청난 양의 육체적·정신적 고통을 가했기 때문에—그 계획을 포기할 만큼 매우 해롭다는 것이 드러났을 때도, 그는 대실패한 자신의 판단이 잘못된 것인 줄을 여전히 모르고 다음 날에도 새로 제안된 어떤 계획에 대해 똑같은 방법으로—단순한 점검과 개연성의 비교 평가를 통해—결정할 준비를 할 것이다. 즉 앞에서 말한 것처럼, 일반적인 원칙의 도움이 단순한 문제에서는 필요하다고 생각하지만, 가장 복잡한 문제에서는 그 도움이 필요하지 않다고 그는 생각할 것이다.

  그렇지만 1분만 생각해보아도 모든 사람에게는 다음과 같은 사실이 분명해질 것이다: 원칙을 따르지 않은 이러한 판단들은 틀릴 가능성이 매우 높을 뿐만 아니라, 또한 올바른 판단에 이르게 해줄 어떤 지침이 있어야 한다. 사회 문제에는 당연한[정상적인] 인과 관계가 없다는 믿음보다 더 터무니없는 것은 있을 수 없기 때문이다. 그리고 당연한 인과 관계가 있으리라고 인정하면서도 이것을 고려하지 않는 법칙을 생각해내는 자가 있다면, 그는 어리석다는 비난을 어떻게 피할 수 있겠는가? 앞 장에서 주장한 것처럼, 인과 관계가 없다면 모든 법칙은 우열이 없으며 법칙을 만드는 것은 우스꽝스러운 짓이다. 모든 법칙의 가치가 동등하지 않다면, 사회적으로 결합된 사람들에게 하나의 법칙이 다른 법칙보다 더 유익하게 작용한다는 것을 인정해야 할 것이다. 그리고 그것의 더 이로운 작용은 사람들의 성질이나 협동 방식에의 어떤 적응을 의미한다. 사람들의 성질과 협동 방식에 대해서는 일반적인 진실, 즉 매우 깊은 획일성이 있다. 그리고 법을 만드는 것의 궁극적인 효과는 그것이 그러한 획일성을 인정하고 이 획일성에 복종하는 정도에 달려 있을 것이다. 그렇다면 그런 획일성이 무엇인지를 알아보기 전에 행동하는 것보다 더 어리석은 짓이 있겠는가?

2

행복을 얻을 수 있는 조건을 고려하지 않으면서 행복을

추구하는 것은 개인적으로뿐만 아니라 사회적으로도 어리석다(아니, 실제로는 더욱 어리석다). 개인은 종종 그 조건을 무시하는 데 따른 나쁜 결과를 피하지만, 사회는—그 결과가 많은 개인들 사이에 골고루 퍼지기 때문에—그 나쁜 결과를 피할 수 없기 때문이다.

각 행위의 있을 수 있는 결과를 오로지 행복 추구만을 고려해 평가하는 것은 모든 범죄자가 좇는 방법이다. 그는 쾌락은 얻고 고통은 피하는 것이 좋다고 생각한다. 자신을 억제할 형평성의 고려를 무시하기 때문에, 그는 궁극적인 결과보다는 가까운 결과를 생각한다. 그런데 가까운 결과에 대해서는 그가 때때로 옳다. 그는 부정하게 얻은 이익이 가져다주는 것에 만족해하지만 벌의 고통은 받지 않는다. 그러나 결국은 해악이 이익보다 더 크다는 것이 드러난다. 일부는 그가 징벌을 항상 피하는 것은 아니기 때문이며, 일부는 그의 행위에 의해 만들어지는 성품은 고상한 행복을 누릴 수 없기 때문이다.

이와 같이 범죄자가 이기적인 목적을 갖고 따르는 방침을 편의주의 정치인은 이타적인 목적을 갖고 따른다. 그도 역시—그 자신의 이익을 위해서가 아니라, 그가 생각하는 것처럼 다른 사람들의 이익을 위해—예상되는 쾌락과 고통을 계산한다. 그리고 그는 — 순수한 형평성의 명령을 무시하면서 — 쾌락은 얻고 고통은 피할 수 있다고 생각되는 방법을 채택한다. 소위 무료 도서관에 책과 신문을 제공하는 것이 문제라면, 그는 유익하리라고 여겨지는 결과를 심사숙고한다. 그렇지만 그는 실제로는 D, E, F에게 만족감을 주기 위해 A, B, C의 돈을 강제로 빼앗는 것이 정당한가라는 질문은 무시한다. 그의 목적이 술에 만취하는 것의 폐해를 억제하는 것이라면, 그는 이 목적만 생각한다. 그리고 그는 — 그 자신의 믿음을 다른 사람들에게 강요하기로 굳게 마음먹었기 때문에 — 사람들의 교환의 자유를 제한하려고 하거나, 법적·사회적 동의를 얻어 자본이 투입된 사업을 없애려고 한다. 따라서 앞에서 말한 것처럼, 이타적인 공격자는 — 이기적인 공격자와 마찬가지로 — 예상되는 당장의 결과만을 행동 지침으로 삼는다. 그의 행동이 조화로운 사회 생활이라는 첫 번째 원칙을 위반한다는 생각에 그는 제약받지 않는다.

행복을 당장의 목표로 삼는 이 경험적 공리주의는 합리적 공리주의와 분명하게 대조를 이룬다. 합리적 공리주의는 행복해지기 위한 조건의 실현을 목표로 삼기 때문이다.

3

정치적 경험주의를 지지하는 자들은 우리가 그들 자신의 방법을 경험적으로 검증하더라도 반대할 수 없다. 만일 우리가―추상적인 원칙을 무시하고―사전에 계산된 것이든 경험으로 확인된 것이든 간에 결과를 따르고자 한다면, 분명한 사실은 우리가 마찬가지로 경험적인 방법 자체로 판단하는 것보다 더 잘할 수 없다는 것이다. 우리는 그렇게 할 것이다.

1890년 5월 19일 상원에서 있었던 사회주의 입법에 대한 한 심의에서 수상[1]은 다음과 같이 말하였다. "현명한 사람이라면 하인을 고용하기 전에는 그 하인의 할아버지의 성격을 묻지 않는 것처럼, 우리는 하나의 제안을 채택하기 전에는 그것의 파생물이나 철학적 계통이 무엇인지를 묻지 않습니다."

법을 만들 때 따라야 할 사회 생활의 일반적인 법칙이 있다는 전제를 이렇게 조롱하면서, 그는 계속 말하였다. "우리는 먼저 모든 주제를 그 진가에 따라 논의해야 한다." 그리고 이처럼 분명하게 공언한 솔즈베리 경[2]의 방법은

---

[1] 로버트 게스코인 세실Robert Gascoyne-Cecil: 영국의 보수 정치인 (1830~1903).

자신들은 실용적이라고 하면서 '추상적인 원칙'을 비웃은 정치인들이 보편적으로 따르는 방법이다.

그러나 불행하게도 그들의 방법은 지난 수천 년 동안 내내 유해한 법으로 인간의 불행을 수많은 방식으로 또 엄청나게 증가시킨 입법자들이 따른 것이다. '사건의 시비곡직是非曲直'에 대한 존중은 디오클레티아누스[3]가 물품의 가격과 일꾼들의 임금을 정했을 때 그의 지침이 되었다. 마찬가지로 그것은 수세기에 걸쳐 수많은 경우에 이만큼의 돈에 대해서는 얼마만큼의 상품이 주어져야 하는지를 결정한 모든 유럽 국가 통치자들의 지침이 되었다. 그리고 우리 나라에서는 그것이 흑사병[4] 이후 노동자 법령[5]을 만든 사람들의 지침이 되었으며, 곧 농민 반란[6]을 일으켰다. 수많은 법령은 영국과 해외에서 제조의 질과 방식을 정했으며, 또한 물건이 지시한 대로 만들어지는지를 살피는 검사

---

2) 솔즈베리 경Lord Salisbury: 본명은 로버트 게스코인 세실이다. 세 차례에 걸쳐 수상(총리)직을 맡았다.
3) 디오클레티아누스Diocletianus: 로마 황제(284~305)로 권력의 분할, 제위 상속법의 확립, 황제 권력의 강화라는 세 가지 점에서 제국 지배를 재편성하였다.
4) 흑사병Black Death: 14세기에 유럽 전역을 휩쓴 전염병(페스트).
5) 노동자 법령Statute of Labourers: 1351년에 제정되었다.
6) 1381년 5~6월에 일어났다.

관도 임명하였다. 이 법령들도 마찬가지로 '사건의 시비곡직'을 고려해서 부추겨진 것이었다. 막을 필요가 있는 해악이 존재했음은 분명하다. 또한 경작지와 목초지의 비율, 양털을 깎는 시간, 하나의 쟁기에 대한 말의 수에 관해 농부들에게 내린 명령뿐만 아니라, 특정한 곡물을 강조하고 그 밖의 곡물은 금지한 명령도 '사건의 시비곡직'을 고려했다는 것은 의심할 바 없다. 몇몇 상품의 수출 보조금과 그 밖의 상품 수입에 대한 금지의 경우도 마찬가지였다. 그리고 매점매석하는 자에 대한 처벌과 고리대금 행위를 범죄로 취급하는 것도 마찬가지였다. 저 수많은 각각의 규제는 프랑스에서 산업을 거의 질식시킨 많은 관리들에 의해 실시되었는데, 그러한 규제는 프랑스 혁명의 부분적인 원인이었다. 그렇지만 각각의 규제를 제정한 사람들에게 그것은 '사건의 시비곡직'이 요구한 규제 같다는 생각이 들었다. 그리고 수세대에 걸쳐 왕들과 대신들이 실시하려고 한 수많은 사치 금지법도 마찬가지로 필요한 것 같았다. 우리 나라에서는 머튼 법령 시절부터[7] 1872년까지 1만 4,000여 개의 법령이 폐기되었다(어떤 것들은 통합되었

---

7) 1235년을 말한다.

기 때문이고, 어떤 것들은 효과가 없다는 것이 드러났기 때문이며, 어떤 것들은 시대에 뒤졌기 때문이다). 이 법령들 중에서 얼마나 많은 것이 유해하기 때문에 폐기되었는가? 2분의 1? 4분의 1? 4분의 1 이하? 폐해가 증명된 다음, 이 법령들 가운데 적어도 3,000개가 폐기되었다고 가정해보자. 때로는 수년 동안, 때로는 수세대 동안, 때로는 수세기 동안 행복을 가로막고 불행을 가중시키고 있었던 이 3,000개의 법령에 대해서 우리는 뭐라고 말해야 하는가?

그 다음에는 평결을 보자. 만일 우리가 관찰과 경험을 따라야 한다면, 관찰과 경험은 이 통치 방식에 대해서 뭐라고 말하는가? 관찰과 경험은—부인의 여지 없이—그것이 엄청나게 실패했다는 사실을 보여주지 않는가? 어쩌면 다음과 같이 대답할지도 모른다. "아니오. 수많은 법이 해를 끼친 다음 폐기되었지만, 그 밖의 많은 법은 유익함을 입증했다는 사실을 당신은 잊고 있다." 그렇다. 하지만 이러한 대답은 처음의 주장과 마찬가지로 부적절하다. 사실, 잘된 법은 어떤 것인가? 그것은 실용적인 정치인들이 경멸하는 저 근본적인 원칙을 따르는 법이다. 그것은 솔즈베리 경이 매우 경멸하는 저 사회 철학이 장려하는 법이다. 그것은 정의라는 문구의 다양한 결과를 인정하며 강요하는 법이다. 왜냐하면 우리가 앞의 여러 장에서 본 것처럼, 사회 진화는 윤리적으로 요구된 이러한 법의 점진적인 확립을 수반하였다. 따라서 증거는 경험적 공리주의 방법에 대한 이중적인 비난을 인정한다. 사실들은 그 방법의 실패와 반대되는 방법의 성공을 결정적으로 증명한다.

그러나 지금은 솔즈베리 경도, 그와 똑같은 정치적 신조를 지지하는 자도 '사건의 시비곡직'으로 판단하는 방법을 일관되게 따르지 않는다는 사실에 주목하라. 오히려 가장 중요한 종류의 사건에 대해서는 자신들이 조롱하는 방법을 따른다. 그들을 검증하면, 그들은 —그 쟁점들이 단순하고 분명한 사건이라면— '사건의 시비곡직'에 따른 지도를 단호히 거부할 것이다.

공공 도로에서의 도둑들의 빈번한 도주를 설명하면서, 한 일간지에 편지를 쓴 저자는 어떤 사람에게 도망치는 한 도둑이 그의 곁을 지나갔는데도 왜 그를 잡지 않았는가를 물었다. 대답은 이러했다. "나는 그 불쌍한 친구를 잡고 싶지 않았습니다. 그가 훔친 물건은 도난당한 사람보다 그에게 더 많은 도움이 되리라고 예상합니다." 여기에서는 '사건의 시비곡직'의 고려가 공공연한 판단 방식이었다. 도둑의 행복과 도난당한 사람의 행복의 상대적인 정도를 평가하면, 그 결과는 도둑질을 정당화하였다. "그러나 재산권은 유지되어야 한다"라고 솔즈베리 경은 대답하였다. "주인보다 그 물건을 더 많이 필요로 한다는 것을 구실 삼아, 다른 사람의 물건을 빼앗는 것이 허용된다면 사회는 해체될 것이다." 그렇다. 하지만 이것은 '사건의 시비곡직'에 따라 판단하는 것이 아니라, 일반적인 원칙의 준수에 따라 판단하는 것이다. 솔즈베리 경이 비웃는 그 철학은 다음과 같은 사실을 보여준다: 사회적 협동이 효과적으로 또 조화롭게 이루어질 수 있는 것은 노력과 이익 사이의 관계가 그대로 유지될 때뿐이다. 그리고 우리가 본 것처럼, 법의 시행도 정의의 관리를 이룬다. 그러므로 법을 지지하는 것은 솔즈베리 경의 가장 중요한 일 가운데 일부이다.

두 방법 사이의 본질적인 차이는 이것이다: 수천 년의 교훈은 사회가 이러한 결과를 점점 더 잘 따를 때 향상된다는 것을 보여주지만, 그리고 새로운 사건이 생겨날 때마다 그 결과를 따르는 것이 가장 좋다고 추론할 수 있지만, 솔즈베리 경은 다음과 같이 생각한다. 즉 '사건의 시비곡직'이 그 결과를 따르지 않을 것을 요구한다고 다수가 판단한다면 그렇게 하는 것이 적절하다는 것이다.

4

 신문이 매일 전하는 사실들을 읽는 사람이 다음과 같이 생각한다는 것은 놀라운 일이다: '사건의 시비곡직'을 가려 조치를 취하면 그 결과가 사건의 한계 안에 머물 수 있다. 사회 어딘가에서 시작된 변화가 예상하지 못한 다른 변화를 일으키고 이 변화가 다시 다른 변화를 일으키는 것을 보고도, 의회의 법령으로 어떤 의도한 결과만 생기고 의도하지 않은 결과는 생기지 않으리라 생각하는 사람이 있다면, 이것은 매일 신문을 읽어도 더 똑똑해지지 않는다는 것을 보여준다. 상호 의존하는 부분들로 이루어진 집합체에서는, 다른 곳에서 내가 열매를 맺는 인과관계라고 기술한 것이 작용한다. 어떤 원인의 결과는 그 자체가 원인이 되며, 이 원인은 그 결과를 낳은 원인보다 더 중요하다. 그리고 그 원인의 결과는 다시 다른 원인이 된다. 석탄 가격의 큰 상승이 몇 년 전에 일어났을 때, 무슨 일이 일어났는가? 모든 가정의 지출이 영향을 받았으며, 가난한 사람들은 특히 쪼들렸다. 모든 공장에는 큰 부담이 되어, 임금이 낮아지거나 상품 가격이 올랐다. 철을 제련하는 데 비용이 더 많이 들었으며, 철이 많이 들어가는 철로나 엔진 같은 것을 제조하는 비용도 증가하였다. 다양한 종류의 외국 제품과의 경쟁력은 감소하였다. 생산물을 해외로 운송하기 위해 빌리는 배들이 적어졌다. 조선업은 관련 업계와 함께 시들해졌다. 열거하기에는 너무 많은 산업들의 경우에도 마찬가지였다. 다시 최근의 부두 파업—아니 오히려, '사건의 시비곡직'에 이끌려 일반 대중과 경찰로 하여금 부두 노동자들이 그들의 목적을 달성하기 위해 사용한 폭력을 (잘못 판단해서) 용서하게 한 동정심—에서 무슨 일이 생겨났는지를 보라. 이 경우 폭행, 겁박, 불매 동맹의 성공적인 행사는 다른 곳의 파업에서도 비슷한 방법을 쓰도록 부추겼다(사우스햄턴, 틸버리, 글라스고, 노팅엄 등). 다른 부류—화가, 가죽 노동자, 고급 가구 제작자, 저울 제작자, 제빵업자, 목수, 인쇄업자, 샌드위치맨 등—도 그 본보기를 따랐다. 오스트레일리아와 아메리카에서는—한층 더 사악한—비슷한 운동이 있었다. 그 다음에는 이차적인 결과로서 문제의 산업에서 동맹 파업과 혼란이 일어났으며, 아울러 관련 산업들의 동맹 파업과 혼란으로 인해 고용이 감소했다. 세 번째 결과는 노동자들이 자멸적인 요구를 내세워도 원하는 조건을 달성할 수 있다는 잘못된 생각을 부추겼다는 것이다. 그리고 한층 더 먼 결과로는 간섭하는 입법의 촉구와 사회주의 사상의 함양이 있다.

증가하고 또 증가하는 간접적인 효과는 결국 기대한 것과는 종종 반대된다. 과거와 현재는 똑같이 그 사례를 제공한다. 과거의 사례로는 엘리자베스 여왕 8년의 법령을 들 수 있다. 이 법령은—슈르즈베리 주민들을 외지인으로부터 보호하기 위해—자유민을 제외한 모든 사람이 웨일스산産 목화 장사하는 것을 금지하였다. 6년 후 바로 그 슈르즈베리 주민들은 그 법령을 폐기해달라고 간청하였다. 그 이유는 "해당 법령을 제정해달라고 청원한 가난한 기능공들과 그 밖의 사람들이 가난해지고 파멸했기" 때문이다. 나중에는 스피탈필즈 직조공들이 비슷한 사례를 제공하였다. 그 다음 현재 나타나는 두드러진 사례 중에는 미국 서부 주에서 일어난 몇몇 법의 결과가 있다. 1885년 1월 8일 주지사 그랜트[8]는 콜로라도 주의회에 보낸 교서에서 다음과 같이 말하였다. "이 법들은 매, 늑대 그리고 로코풀[9]을 근절하기 위해 입안되었습니다 … 매와 늑대는 이 보상금법의 지원으로—즉 지급된 총액으로 평가하면—꾸준히 늘어났습니다." 비슷한 결과는 인도에서도 일어났다.

---

[8] 제임스 벤튼 그랜트James Benton Grant: 1883년부터 1885년까지의 콜로라도 주지사(1848~1911).
[9] 로코풀loco weeds: 미국산으로 독이 있는 콩과 식물.

부랑자들이 수도원 주위에 떼 지어 몰려들 때부터 많은 교구가 빈민들로 거의 가득찼던 구 빈민법[10] 시절까지, 겉보기만 '사건의 시비곡직'에 따른 조치는 의도한 것과는 정반대의 결과를 낳았다―빈곤을 줄이기는커녕 오히려 증가시켰다―는 사실을 경험은 계속해서 보여주었다. 그리고 최근의 사실들은 계속해서 똑같은 것을 예증하였다. 브래드필드 구빈원 연합 의장은 1890년 4월 19일자 『더 스펙테이터』[11]에 발표한 글에서 다음과 같이 지적하였다: 충동에 이끌리지 않고 원칙에 따른 17년간의 행정은 구빈원 내의 빈민을 259명에서 100명으로 줄였으며, 구빈원 밖의 빈민을 999명에서 42명으로 줄였다. 그는 그 편지를 "빈민의 대다수가 원외 구조 때문에 생겨났다"는 자신의 확신으로 끝마쳤다. 그리고 겉보기만의 필요에 좌우되는 것에 대한 이 경고는 그 후 줄곧 아놀드 화이트[12] 씨에 의해 강조되어왔다. 그는 케이프 식민지[13]의 테니슨 정착

---

10) 구 빈민법old Poor Law은 1601년에 제정되었다.
11) 『더 스펙테이터*The Spectator*』: 영국의 보수 잡지. 지금까지 발행되는 영어권 뉴스 잡지 가운데 가장 오래되었다.
12) 아놀드 화이트Arnold White: 영국의 저널리스트(1848~1925).
13) 케이프 식민지Cape Colony: 1652년 네덜란드 동인도 회사가 설립한 아프리카 식민지. 케이프타운을 중심으로 발전해 1795년 영국령 식민

지에서 1891년 1월 10일 『더 스펙테이터』에 보낸 글에서 다음과 같이 말하였다. "그 어떤 식민지화 계획도―일하기 싫어하는 게으른 자들은 죽을 수밖에 없다는 것이 분명하게 포함되어 있지 않다면―실패하게 되어 있다 … 여러 해에 걸쳐 힘들게 겪은 혹독한 경험을 통해 나는 그 교훈을 명심하게 되었다." 동정심으로 인해 만일 우리 자신이 겉보기만의 '사건의 시비곡직'에 좌우된다면, 우리는 결국 해악을 치료하기는커녕 더욱 악화시킬 것이다.

철학을 비웃으면서 자기 앞에 있는 사실들만 보면 된다고 생각하는 입법자의 판단은 일자리를 준다는 이유로 동료들과 함께 어떤 공공사업을 큰 소리로 옹호하는 노동자의 판단보다 더 존중받을 만한 것이 아니다. 노동자도 역시 직접적으로 예상되는 '사건의 시비곡직'만 보고 먼 후일의 결과는 생각하지 않는다. 적절한 보상을 가져다주지 못하는 일에 자본을 지출할 경우 어떤 결과가 있을지는 그에게 중요하지 않다. 그는 혹시 보상이 더 많고 따라서 더 유익한 사업에 그 자본을 투자했다면 어땠을까를 묻지 않는다. 그리고 그랬을 경우 다른 소매상인들이나 기능공들

지가 되었다.

또 노동자들이 어떤 일자리를 얻었을지도 묻지 않는다. 왜냐하면 입법자는 약간 먼 훗날의 효과를 생각할 수도 있지만, 그래도 그는 실제로는 노동자와 마찬가지로 사회 곳곳에서 울려 퍼지고 또 울려 퍼지는 변화의 궁극적인 효과를 인식하지 못하기 때문이다.

5

증거 없이 믿는 것 또는 압도적인 증거 앞에서도 믿기를 거부하는 것, 이 둘 중의 어느 것이 더 잘못된 길로 가게 하는가? 뒷받침해주는 사실이 없어도 지속되는 비합리적인 믿음이 있다면, 믿음을 생기게 하는 사실들이 축적되고 있음에도 불구하고 계속해서 믿지 않는 비합리적인 태도도 있다. 후자가 전자보다 더 나쁜 결과를 낳지 않을까라고 우리는 생각할 수 있다.

평균적인 시민과 마찬가지로 평균적인 입법자는 사회 세력의 유익한 활동에 대해서—이 유익한 활동의 거의 무제한적인 실례에도 불구하고—어떤 믿음도 없다. 그는 계속해서 사회를 만들어지는 것으로 생각할 뿐이며 자라는 것으로는 생각하지 않는다. 생명을 유지해 가는 거대하고 복잡한 조직이 자신들의 사적인 목적을 추구하는 사람들의 자발적인 협동에서 생겨났다는 사실에 대해서 그는 눈을 감고 있다. 그렇지만 그가 지구 표면이 어떻게 해서 개척되고 비옥해졌는지, 도시가 어떻게 성장했는지, 갖가지 종류의 제조업이 어떻게 생겨났는지, 예술이 어떻게 발전되었는지, 지식이 어떻게 축적되었는지, 문학이 어떻게 생산되었는지를 묻는다면, 이것들 가운데 정부에 의해 발생한 것은 없으며 오히려 많은 것이 정부의 방해로 고생했다는 사실을 그는 인정하지 않을 수 없다. 그래도 이 모든 것을 무시하면서, 그는 다음과 같이 생각한다: 선善을 이루거나 해악을 막고자 한다면, 의회에 호소해야 한다. 그는 수없이 실패한 동인에 대해서는 무제한적인 믿음을 갖지만, 수없이 성공한 동인에 대해서는 믿음이 없다.

  사람들을 행동하게 하는 각 종류의 다양한 감정은 사회 구조와 기능을 낳는 역할을 한다. 첫째, 가장 강력하고 가장 적극적인 것으로서 이기적인 감정이 있다. 이 감정의 효과는 생산과 분배에 관한 제도를 발전시키는 것이었다고 앞에서 언급한 바 있다. 그리고 이익이 되는 새로운 영역을 차지할 때마다, 이 이기적인 감정의 효과는 재빨리 새로운 성장을 일으킨다. 수에즈 운하를 판 것과 포스 브리지[14]를 건설한 것에서 선박, 주택, 생명, 농작물, 진열품 등의 보험, 미지의 지역 탐험, 여행자 유람의 조직, 정거장에 자동판매기를 설치한 것과 극장에서 오페라 글라스를 빌려주는 것에 이르기까지 민간 기업은 어디에나 있으며 그 형태가 무한히 다양하다. 이 민간 기업은 한 방향에서 국가 기관에 의해 억압받으면 또 하나의 방향에서 자라기 시작한다. 찰스 2세[15] 시대에 지역 1페니 우편 제도가 시작된 방식을 상기하면(이 제도는 정부에 의해 억압받았다), 보이 메신저스 컴퍼니와 이 회사를 탄압하려다 실패한 것에서 민간 기업의 효율성과 관료주의의 방해 사례들을 볼 수 있다. 그 다음 자발적으로 형성된 기관들의 우수성을 보여주는 사례를 추가할 필요가 있다면, 아메리칸 익스프레스 컴퍼니스를 들 수 있다. 이 회사는 지점이 7,000개나 되고 자체적으로 급행 열차를 가졌으며, 매년 2,500만 개의 소포를 배달하고 있다. 이 회사는 정부가 이용하고 있으며, 우편환 방식을 대신해 환금지시서$^{money\ order}$ 방식을 사용하고 있다. 그리고 지금은 사업을 유럽, 인도, 아

---

14) 포스 브리지Forth Bridge: 스코틀랜드의 포스 강에 있는 철도 교량의 이름. 1882년에 건설이 시작되었으며, 1890년에 개통되었다.
15) 찰스 2세Charles II: 영국의 국왕(1630~85)으로 1660~85년 재위에 있었다.

프리카, 남미, 폴리네시아로 확대하였다.

이기적인 감정들의 합쳐진 힘으로 사회를 지속시키는 조직이 발전했는데, 이 이기적인 감정 이외에도 인간에게는 이타적 자아 감정과 이타적인 감정—찬성의 즐거움과 동정심—이 있다. 이러한 감정들은 그들이 그 밖의 여러 행위를 하도록 자극할 뿐만 아니라 그 밖의 여러 제도도 생겨나게 한다. 자선 목적이나 교육 목적을 위한 기부에서 이러한 감정들이 미치는 영향을 예증하기 위해 과거로 거슬러 올라갈 필요는 없다. 오늘날은 그 감정들의 영향력을 보여주는 증거를 충분히 제공한다. 우리나라에서는—그리고 아메리카에서는 한층 더—대학을 세우는 데 많은 금액을 쏟아붓고 있으며, 더 많은 경우에는 교수직 기금과 장학금으로 많은 금액이 기부되고 있다. 공공도서관을 세우고 책으로 가득 채우는 데 막대한 금액의 기증이 이루어지고 있다. 개인들은 시에 공원이나 정원을 제공하고 있다. 유언으로 박물관을 국가에 바치기도 한다. 1890년 4월 11일자 『더 스탠더드』[16)]에는 다음과 같은 사실을 알리는 기사가 실렸다: 병원, 보호시설, 선교 단체, 자선 단체에 기부

---

16) 『더 스탠더드 *The Standard*』: 1827년 5월 21일 창간된 영국의 일간지.

된 유산이 1889년에는 108만 파운드에 달했으며, 1890년의 1분기에는 30만 파운드에 달했다. 그 다음에는 1890년 1월호의 『19세기』[17]에서 휘시[18] 씨는 지적하였다: 지난 몇 년 동안 개인들이 예술에 기부한 금액이 건물로는 34만 7,500파운드였으며, 회화나 현금으로는 55만 9,000파운드였다. 그 외에도 최근에는 영국 미술관 건립에 48만 파운드의 기부가 있었다.

동료 시민들을 위해서 이런저런 운동을 촉구하는 다수의 인정 많은 사람들의 일상적인 활동도 우리는 잊어서는 안 된다. 총수입이 엄청난 수많은 단체들이 비이기적인—결과는 그렇지 않더라도 의도는 모두 좋은—목적을 위해 형성되었다. 그리고 이 단체들의 설립과 활동을 독려하는—전부가 이타적인 것은 아니지만 대체로 이타적인—동기들은 약해지기는커녕 오히려 계속 강해진다.

그러므로 이 세력들이 이미 많은 일을 했고 계속해서 더 많이 하고 있다면, 확실히 우리는 그들의 미래 능력을 기대할 수 있다. 그리고 하는 방법을 우리가 아직도 잘 모르

---

17) 『19세기*The Nineteenth Century*』: 1887년 창간된 영국의 월간 잡지.
18) 마커스 본 휘시Marcus Bourne Huish: 영국의 저술가이자 법정 변호사(1843~1921).

는 많은 일을 그들은 하리라고 추론하는 것이 합리적일지도 모른다.

6

그러므로 우리가 비록 윤리적 제한을 고려하지 않아도, 또 비록 사회에서 나타나는 저 전문화의 진행에서 이끌어낼 수 있는 추론을 우리가 무시하더라도, 국가 기능이 확대되기보다는 제한되어야 한다고 주장할 강력한 이유가 여전히 있다.

이런저런 약속된 이익을 추구하기 위해 국가 기능을 확대하는 것은 처음부터 대실패했음이 입증되었다. 모든 나라의 역사는 단지 '사건의 시비곡직'에 따른 입법만으로는 엄청난 해악이 생겨났다는 것을 한결같이 보여주었다. 반면에 모든 나라의 역사는 모두 형평성을 고려할 때 입법이 성공한다는 것을 증명한다.

매일 아침 우리 앞에 던져지는 증거는 국가 도처에서 결실을 맺는 인과 관계를 보여주는데, 이 인과 관계는 매우 복잡하기 때문에 최고의 지성조차도 그 결과를 모두 예견할 수 없다. 그가 취한 조치의 영향이 그가 생각하는 영역의 한계 안에 머물 것이라고 생각하는 소위 실용적인 정치인은 아주 무모한 이론가의 한 사람이다.

　게다가 이런저런 목적을 인위적으로 달성하는 방법에 대한 그의 믿음은 의도한 효과를 만들어내지 못하고 의도하지 않은 효과를 만들어내기 때문에 계속 불신을 받지만, 그래도 그는 과거에 많은 일을 했고 현재는 더 많은 일을 하고 있으며 미래에는 아주 많은 일을 할 것으로 기대되는 저 자연적인 힘에 대해서는 믿음을 보이지 않는다.

제7장

국가 의무의 한계 ④

> 국가의 간섭을 좋아하는 정치인에게
> 그의 계획의 본질적인 의미를 심사숙고하게 한다면,
> 그는 자신의 무모함을 깨닫고는 얼어붙을 것이다.

1

정부의 활동 범위를 제한해야 할 많은 이유 중에서 가장 강력한 것은 아직 말하지 않았다. 정치인이 다른 모든 목적보다 더 고귀하다고 염두에 두어야 할 목적은 성격의 형성이다. 그리고 형성되어야 할 성격에 대해서 또 그런 성격을 만들어낼 수단에 대해서 올바른 견해를 갖는다면, 그 속에는 국가 기관을 늘어나지 않게 해야 한다는 의미가 반드시 들어 있다.

아마도 많은 사람들은 "왜 그런가?"라고 외칠 것이다. "성격의 형성은 우리가 지지하는 입법 중 많은 것이 지향하는 목적이 아닌가? 국가의 일 중에서 가장 중요한 부분은 훌륭한 시민을 만들어내는 것이라고 우리는 주장하지 않는가? 우리의 학교 제도, 우리의 무료 도서관, 우리의 위생 제도, 우리의 체육관 등은 그들의 본성을 향상시킬 목적으로 생각해낸 것이 아닌가?"

놀라는 태도와 은근한 확신을 갖고, 더 이상 할 말이 없다며 의문문을 사용해 말하는 이 답변에 대해서 우리는 다음과 같이 대답한다: 모든 것은 마음속에 간직한 이상의 훌륭함과 그것을 실현하는 기구의 적절함에 달려 있는데, 이 둘 모두가 근본적으로 잘못되었다.

이 두 단락은 여기에서 논의할 상반된 견해들이 어떤 것인지를 충분히 보여준다. 지금 그것들을 체계적으로 논의해보자.

2

위로는 야만인들의 무리에서 문명화된 국가에 이르기까지 유능한 전사를 만들려면 준비가 필요하다는 것을 수많은 예들은 보여준다. 무기 사용의 연습은 소년 시절부터 시작된다. 청년 시절 내내 큰 꿈은 활과 화살을 가진 명사수가 되는 것이고, 창이나 부메랑을 힘차고 정확하게 던지는 것이며, 또한 공격과 수비를 모두 잘하는 사람이 되는 것이다. 그는 속도와 민첩함을 동시에 효과적으로 키우며, 힘겨루기를 한다. 염두에 둔 목적과 더욱 관련된 것은 인내심 훈련이다. 때로는 고문을 달게 받기도 한다. 요컨대, 부족의 각 남자는 부족의 목적에 적합하게―부족의 생존을 유지하거나 이웃 부족들을 굴복시키는 데 도움이 되도록, 또는 이 둘 모두를 하는 데 도움이 되도록 적합하게―교육받는다. 현대적인 의미에서의 교육은 아니지만, 교육은 관습에 따라 정해지고 여론에 의해 강요된다. 개인을 [일정한] 틀에 넣어 만들어내는 것이 사회의 일이라고―공개적으로는 아니지만―암암리에 주장되고 있다.

정식으로 통치되는 큰 공동체를 형성하면서, 사회 진보는 국가 교육을 점점 더 발전시킨다. 지금은 필요한 힘, 숙련, 인내심을 의도적으로 길러낼 뿐만 아니라, 군사 작전을 수행하는 데 필요한 복종심과 지도자나 통치자에 대한 복종심(이것이 없다면 연합군을 바라는 대로 이용할 수 없다)도 키운다. 그리스와 특히 스파르타는 우리에게 이 진보 단계의 사례를 제공한다.

적절한 이론이 이러한 관행에 동반되었다. 개인은 그 자신의 것도 가족의 것도 아니고 도시의 것이라는 믿음에서, 개인을 도시의 목적에 맞게 만드는 것이 도시가 해야 할 일이라는 학설이 자연스럽게 생겨났다. 플라톤과 아리스토텔레스 두 사람 모두 아이들과 젊은이들을 당연히 시민으로 길러내기 위한 방법을 상세히 제시했으며, 훌륭한 국가에서는 교육이 공적인 일이어야 한다고 서슴없이 주장하였다.

그러므로 분명히 전쟁이 일상의 주된 일일 때는, 정부 기관은 당연히 싸움에서 이기는 데 적합한 패턴에 따라 개인들을 훈련시킨다. 이 경우 경험은 목표로 삼아야 하는 상당히 올바른 이상을 제공할 뿐만 아니라, 그 이상을 실현하기에 적합한 방법을 선택할 때도 지침을 제공한다. 모든 자유인은 가능한 한 명령에 자동적으로 복종하는 군사 기계가 되어야 한다. 그렇게 하기 위해서는 통합시키는 규율이 필요하다. 호전형에서는 병영화가 수반하는 강제적인 통치 방식이 전투 부분에서 그것을 지원하는 보조 부분들 전체로 퍼져나가는 것처럼, 군인들뿐만 아니라 공동체의 다른 구성원들 역시 그들의 기능을 잘 수행하게끔 정부에 의해 만들어져야 한다는 이론도 자연스럽게 확립된다.

3

싸움을 자신들의 주된 일로 삼고 생계 유지를 부차적

인 것으로 만드는 사회와, 생계 유지를 자신들의 주된 일로 삼고 싸움을 부차적인 것으로 만드는 사회 사이의 근본적인 차이를 인식하지 못하기 때문에, 많은 사람들은 전자에 적합한 규율 정책이 후자에도 적합하리라고 추측한다. 그러나 개인과 국가의 관계가 이 두 경우에서는 완전히 다르다. 그리스인은 그 자신의 것이 아니라 도시의 것이었는데, 이러한 그리스인과는 달리 영국인은 결코 그의 나라의 것이 아니다. 그는 매우 적극적으로 그 자신의 것이다. 그래도 정부는 큰 위기가 올 경우 그를—적절한 나이가 되면—징집해 국가 방위에 일조하게 할 수 있다. 그렇지만 이 만일의 사태는 그의 신체의 사적인 소유와 그의 행위의 자발성을 조금만 제한할 뿐이다.

일련의 장에서 우리는 다음과 같은 사실을 보았다: 윤리학에 따라 추론된 권리를 점차적으로 확립하면서, 법은 다른 개인들뿐만 아니라—많은 점에서는—국가에 대해서도 반대하며 각 개인이 그 자신을 자유롭게 이용하는 것을 승인하였다. 즉 국가는—각 개인을 다른 사람들의 공격으로부터 지키면서—또 한편으로는 국가 자신이 개인에 대해 공격하는 것을 여러 방향에서 그만두었다. 그러므로 당연한 결과로서 영원히 평화로운 국가에서는 이 관계의 변화가 완전해질 것이다.

 이러한 결론은 쟁점이 되는 문제와 어떤 관계가 있는가? 그 결론은 다음과 같은 점을 의미한다: 전에는 사회가 자신의 목적에 맞게 개인을 만들어야 했지만, 지금은 개인이 사회를 그의 목적에 맞게 만들어야 한다. 사회는 더 이상 그 많은 구성 단위들의 활동을 결합시키는 단단한 정치 통일체가 아니다. 강제적인 조직이 사라지고 그 구성 단위들을 평화적인 협동에 필요한 유대로만 결합시키기 때문에, 사회는 단지 그 구성 단위들의 활동 환경에 불과한 것이 된다. 다음과 같은 진실을 다시 한번 강조하겠다: 법인 자격의 사회는 감각이 없고 감각은 오로지 그 구성 단위들에만 있다. 그러므로 감각이 있는 그 구성 단위들의 생명보다 감각이 없는 사회의 생명을 더 중시하는 단 하나의 이유는 호전성이 계속될 때 감각이 있는 그 구성 단위들의 생명이 가장 잘 보존되기 때문이다. 그리고 이 이유는 호전성이 쇠퇴하면 부분적으로 약해지고, 산업주의가 완성되면 전체적으로 약해진다. 시민들에게 규율을 부과할 수 있는 사회의 권리는 사라진다. 개인의 생활이 취해야 할 형태를 제대로 지시할 수 있는 권력은 더 이상 없다.

 "그러나 그 최고 구성원들의 연합 지성이 이끄는 법인

자격의 사회는 잘 조화된 산업 생활에 가장 적합한 개인적인 성질과 이러한 성질을 만들어내려고 계획한 규율에 대해서 유익한 견해를 틀림없이 생각해낼 수 있는가?" 이러한 변명에는 대리인들을 통해 자신의 계획을 강요할 수 있는 공동체의 권리가 암암리에 가정되어 있는데, 이 가정된 권리는 앞에 말한 여러 장章에서 이끌어낸 결론과 일치하지 않는다. 그러나 여기에서는 이것에 머무르지 말고, 바람직한 성격을 결정할 뿐만 아니라 또 그것을 만들어낼 수단도 공동체가 생각해내는 것이 과연 적합한지를 물어보자.

4

시민이 선택한 이상과, 그를 만들어내기 위해 선택한 과정이 좋든 나쁘든 간에, 그 선택은 불가피하게 세 가지 함의가 있다. 그중 어느 것이든 체제를 비난한다.

체제는 획일성을 이루기 위해 노력할 것이다. 채택한 조치가 효과가 있다면, 그것은 부분적으로 개인들 사이에 어떤 유사함을 일으킨다는 효과일 것이다. 이러한 사실을 부정하는 것은 형성 과정이 효과가 있다는 사실을 부정하는 것이다. 그러나 획일성이 생기는 한, 진보는 늦춰진다. 자연의 질서를 공부해본 사람은 누구나 다양성이 없다면 진보가 있을 수 없다는 것을 알고 있다(그는 다양성이 없을 경우 생명은 결코 진화하지 못했을 것이라는 사실을 잘 알고 있다). 이것은 불가피하게 다음과 같은 사실을 의미한다: 다양성의 발생이 억제되면, 더 이상의 진보는 저지될 수밖에 없다.

또 하나의 부수적인 결과는 국가가 어떤 형태로든 개인에게 각인시키려고 하는 수동적인 감수성의 생산일 것이다. 복종심이 합병된 사회가 그 구성 단위들에게 부여하려고 하는 성질의 일부이든 아니든 간에, 그 사회는 복종심을 찾아내거나 만들어내지 않고서는 자신의 계획을 실행할 수 없다. 공공연히든 아니든 간에, 바라는 성격의 일부는 몇몇 또는 많은 시민이 부과하려고 하는 규율에 각 시민이 기꺼이 복종하거나 아니면 그의 자녀들을 복종시키려고 하는 성향일 것이다. 따라서 인간성의 형성을 넘어서 대부분 하위의 구성 단위들로 형성된 집합체의 의지를 따르는 것이 높은 인간성의 한 특징이라고 생각하는 사람들이 있을지도 모른다. 그러나 우리는 그런 사람들과는 함께 논의하지 않을 것이다.

또 하나의 필연적인 함의는 다음과 같다: 시민들이 만들어지는 자연적인 과정은 존재하지 않거나, 아니면 이 자연적인 과정은 인위적인 과정으로 대체되어야 한다. 자연적인 과정이 없다고 주장하는 것은 다음과 같이 주장하는 것이다: 언제나 환경에 적응하는 경향이 있는 다른 모든 존재와는 달리, 인간은 환경에 쉽게 적응하지 못한다(인간은 환경이 그에게 요구하는 생활을 적절하게 영위할 수 있을 만큼 쉽게 변하지 않는다). 이렇게 말하는 자는 누구나 인류의 다양성이 이유없이 생겨났다고 말하거나, 아니면 인류의 다양성이 정부의 활동에 의해 초래되었다고 말해야 한다. 그렇게 말하지 않는 자는 누구나 인간이 발전한 사회 상태의 요구에 자연스럽게 적응하고 있다는 것을 인정해야 한다. 만일 이것을 인정한다면, 그는 인간에게는 인위적인 적응이 자연적인 적응보다 더 낫다고 주장하기를 주저할 것이다.

5

이제 문제의 가장 추상적인 이 측면에서 보다 구체적인 측면으로 넘어가자. 결정적인 것은 그들의 사회 생활에 적합한 형태를 갖는 시민들을 만들어내는 것이다. 적합한 형태라는 개념은 어디에서 얻어야 하는가? 사람들은 조상의 육체적인 체격과 정신적인 기질뿐만 아니라, 주로 그들의 생각이나 믿음도 물려받는다. 그러므로 바람직한 시민이라는 일상의 개념은 현재에 의해 약간 수정된 과거의 산물일 것이다. 말하자면 과거와 현재가 미래에 자신들의 개념을 강요한다는 것이다. 문제를 객관적인 관점에서 보는 사람은 이것을—종교적 믿음에 관해서 모두가 항상 저지르는—어리석은 짓이 다른 영역에서 반복되는 것으로 보지 않을 수 없다. 어디에서나 어느 때나 보통 사람은 이렇게 주장한다: 자신이 교육받으면서 받아들인 믿음이 단 하나의 진정한 믿음이다. 물론 하나의 경우를 제외한 모든 경우—그가 느끼는 것과 동등한 확신을 갖고 유지한—그런 믿음이 거짓이라는 것은 그에게 분명하지만, 그래도 다른 사람들처럼 그는 자신의 믿음은 예외라고 확신하였다. 미래에 자신들의 이상적인 시민을 강요하고 싶어한 사람들도 마찬가지로 어리석은 확신을 나타낸다. 그들은 과거와 현재 시대의 필요에서 생겨난 것으로 자신들이 생각해낸 유형은 다가오는 시대에 적합한 유형이 되리라고 확신한다. 그렇지만 과거 사람들에게 적합하다고 여긴 성격이 지금 사람들에게 적합하다고 생각되는 성격과는 달랐다는 것을 알리면, 근로 생활을 경멸할 만하다고 여겼으며 강인함, 용맹, 용기가 미덕이었던 먼 과거로 거슬러 올라가거나, 또는 귀족은 태생이 고귀하다는 것을 의미한 반면에 노동자와 농노가 동등한 존재였던 멀지 않은 과거로 거슬러 올라갈 수밖에 없다. 아니면 상위 계급에게 비굴하게 복종하는 것이 각 계급의 일차적인 의무라고 생각한 시대로 거슬러 올라가거나, 또는 모든 계급의 훌륭한 시민은 지시한 믿음을 겸손하게 받아들여야 한다고 여긴 시대로 거슬러 올라갈 수밖에 없다. 그럼에도 불구하고 대부분 무지한 유권자들을 대표하는 별로 현명하지 못한 의원들은—교황처럼 오만하게—바람직한 인간성의 형태를 정해 다음 세대를 그 형태로 만들 준비가 되어 있었다.

그들은 이처럼 해야 할 일뿐만 아니라 그 일을 하는 방법에 대해서도 역시 확신하고 있다. 하지만 전자의 경우와 마찬가지로 후자의 경우에도 수세기에 걸쳐 추구한 방법의 실패가 얼마나 철저했는지를 과거는 그들에게 증명한다. 교회와 사제가 넘쳐나고 경건한 책들로 가득 차 있으며, 사랑의 종교를 주입시키고 자비심을 고취할 뿐만 아니라 용서도 강조하는 기독교 국가 도처에서 야만인들이 어디서나 보여준 것과 같은 공격성이나 복수심이 흘러넘친다. 그리고 매일 성경을 읽고 아침 예배에 참석하며 기도 주간을 정하는 바로 그 사람들이 열등 인종들에게 평화의 메시지를 보내지만, 이 열등 인종들은 다우닝 가[1]에서 허가받은 약탈 원정대에 의해 그들의 땅에서 곧 쫓겨났다. 저항하는 자들은 '반란자'로 취급받았으며, 이 원정대가 보복할 때 죽인 사람들은 '살인자'로 불리었다. 그리고 진압 과정은 '평화화'라고 불리었다.

따라서 우리는 시민들을 만들어내는 인위적인 방법의 목적과 수단 모두가 잘못되었다고 보기 때문에 그 방법을 거부할 좋은 이유가 있다. 이와 동시에 우리는 자연적인 방법 — 시민들을 사회 생활에 자연발생적으로 적응시키는 것 — 을 믿을 좋은 이유도 있다.

6

일반적인 유기체 세계는 그 수와 다양성에서 무한한 실례를 통해 다음의 진실을 가르쳐주고 있다: 직접적인 과정에 의해서든 간접적인 과정에 의해서든 각종 생물의 능력은 그 생명이 필요로 하는 것에 적응하며, 게다가 각각의 적응된 능력을 행사하는 것은 만족의 원천이 된다. 정상적인 질서에서는 각각의 의무에 대해서 행위자가 생겨날 뿐

---

[1] 다우닝 가Downing Street: 수상과 재무장관의 관저가 있는 런던의 거리.

만 아니라, 의식은 이 행위자의 활동이 일으키는 다소 만족스러운 감정으로도 이루어져 있다. 게다가 이것은 조화가 흐트러졌을 경우 이 조화가 차츰 저절로 재확립된다는 것을 의미한다. 다시 말하면, 환경이 변해 능력과 필요가 일치하지 않을 경우 이 능력과 필요는—적자생존에 의해서든 용불용用不用[2]의 유전 효과에 의해서든 또는 이 둘 모두에 의해서든—서서히 다시 일치한다.

그중에서도 특히 인간에게 적용되는 이 법칙은 다음의 사실을 의미한다: 문명화되지 않은 과거로부터 물려받은 것으로서 부분적으로 문명화된 현재에도 여전히 매우 불안전하게 적응된 성질은—그렇게 하도록 허용된다면—완전히 문명화된 미래의 요구에 서서히 적응될 것이다. 그리고 또 하나의 의미는 다음과 같다: 점차적으로 확립된 다양한 능력, 취향, 재능이 동시에 발휘될 때 사회 생활의 여러 의무를 이행하는 만족감이 느껴질 것이다. 문명 사회는 이미 야만인들이 갖지 못한 작업 능력을 상당히 얻었

---

[2] 용불용설Theory of Use and Disuse: 생물에는 환경에 대한 적응력이 있어, 자주 사용하는 기관은 발달하고 그렇지 않은 기관은 퇴화한다는 학설로 프랑스의 진화론자 장 바티스트 라마르크(1744~1829)가 주장하였다.

다. 자발적인 동의 아래 이뤄지는 질서 정연한 협동 능력도 이미 발전되었다. 문명 사회는 이미 상당한 정도의 자제력을 지녔기 때문에, 대부분의 사람들은 서로 방해하지 않으면서도 계속 생활할 수 있다. 시민들이 일반적인 사회 생활에서 느끼는 이타적인 관심은 이미 개인적인 노력을 자발적으로 결합시켜 공적인 목적을 달성하도록 자극한다. 그리고 이미 인간의 동정심이 활발해졌기 때문에 수많은—사실상 너무나도 많은—박애 기관이 생겨났다. 그리고 이 수천 년 동안 사회 생활의 규율이 그렇게 많은 일을 했다면, 그것이 더 많은 일을 할 수 없다고 가정하는 것은 어리석은 짓이다(즉 사회 생활의 규율이 해야 할 모든 일을 시간이 지나도 하지 못하리라고 가정하는 것은 어리석은 짓이다).

또 하나의 진실이 남아 있다. 인위적인 형성은 자연적인 형성이 하는 일을 할 수 없다. 자발적으로 수행되는 과정의 본질 자체는 각각의 능력이 그 기능을 실행함으로써 그 기능에의 적합성을 획득하는 것이기 때문이다. 그리고 그 능력의 기능을 대체된 기관이 실행한다면, 요구되는 성질의 적응이 일어나지 않는다. 오히려 성질은 변형되어 자연적인 조정 대신에 인위적인 조정에 적합해진다. 게다가 그 성질은 대체된 기관을 유지하기 위해 고갈되거나 작아져야 한다. 무능한 성질, 왜곡된 성질, 바라던 것을 성취했다는 만족감이 없는 성질만 생겨나는 것이 아니다. 감독하는 기관이 유지되기 위해서도, 감독받는 기관들의 유지가 줄어든다. 이 감독받는 기관들의 존재는 훼손되고 이것들의 적응은 또 다른 방식으로 방해받는다.

따라서 나는 근본적인 차이를 한 번 더 강조하겠다. 전쟁이 일상의 일인 한, 그것이 수반하는 강제적인 협동은 집합체가 구성 단위들을 자신의 목적에 도움이 되게끔 만드는 것을 의미한다. 그러나 산업주의를 특징짓는 자발적인 협동이 지배하게 되면, 이 만드는 작업은 자발적인 협동 생활에 순응해 자발적으로 달성되어야 한다. 이 조정은 아마도 다른 방법으로는 이루어질 수 없을 것이다.

7

마침내 우리는 처음에 선언한 일반적인 원칙으로 다시 돌아왔다. 사회 생활의 일차적인 법칙을 반대하기 위해 내세운 이유들은 모두 근거가 약하다는 것이 증명되었다. 그러므로 그 법칙에 동조하는 것만이 안전하다. 국가의 간섭을 좋아하는 정치인에게 그의 계획의 본질적인 의미를 심사숙고하게 한다면, 그는 자신의 무모함을 깨닫고는 얼어붙을 것이다. 그가 제의하는 것은 모든 생명이 진화해 온 과정을—어떻게든 또는 어느 정도—일시 정지시키고 행동을 결과와 분리하는 것이다. 그는 일반적인 생명의 법칙을 부분적으로 위반하지만, 보다 특별하게는 결합된 상태에서 생겨나는 그것의 형태를 깨뜨릴 것이다. 그는 모든 생물에 공통된 정의의 원칙을 그의 간섭으로 어기지만, 보다 특별하게는 인간의 정의 원칙을 어길 것이다. 인간의 정의 원칙은 각자가 행위의 필요한 한계 안에서 얻은 이익을 누릴 것을 요구하기 때문이다: 그는 이익을 재분배할 것이다. 문명 사회에서는 경험이 축적되고 법으로 등재되어 인간의 권리가 점점 더 분명하게 확립되었는데, 이러한 결과를 그는 때때로 무시하면서 인간의 권리를 침해한다. 그리고 수세기 동안 사회의 통치 권력은 인간 상호간의 권리를 점점 더 효과적으로 보호하면서 또한 이 권리에 대한 침해를 스스로 그만두었지만, 입법부의 입안자들은 이 과정을 뒤엎으려고 할 뿐만 아니라 점점 늘어난 저 활동의 자유를 줄이려고도 한다. 이렇게 그의 정책은—일반적으로는 생명의 제일원리, 특수하게는 사회 생활의 제일원리를 무효화하기 때문에—또한 수천 년 동안 모은 관찰과 실험의 일반화된 결과도 무시한다. 그러면 그는 무엇으로 자신의 정책을 정당화하는가? 겉으로는 빈틈없어 보이는 몇 가지 이유를 내세우지만, 우리는 그 각각의 이유가 신뢰할 수 없다는 것을 확인하였다.

  그런데 자세한 반박이 왜 필요한가? 사회 생활의 근본적인 법칙을 위반하면서 사회 생활을 개선하자고 제의하는 것보다 더 극단적으로 어리석은 짓이 있을 수 있는가?

부록

자발적 개혁[1]

> 입법도 아니고 단호한 제지도 아니고
> 강제도 아니다. 개선은 다른 사회적 개선과 함께
> 자연적인 원인에서 서서히 일어났다.

나는 다른 곳에서 다음과 같은 흥미로운 진실을 설명하였다: 해악이 매우 클 때 그것은 별로 관심을 끌지 못한다. 어떤 이유에서든 해악이 완화될 때 그 해악의 인정은 그것을 줄이려는 노력을 가져온다. 그리고 그것이 많이 줄어들면 강력한 조치를 취해 그것을 없애야 한다는 요구가 나온다. 자연적인 수단이 많은 일을 했는데도 불구하고 사람들은 인위적인 수단을 단호하게 요구한다.

내가 말한 예 중의 하나는 만취drunkeness의 엄청난 감소였다. 이것의 감소는 18세기 이후에 일어났으며, 최근에는

---

[1] Herbert Spencer, "Spontaneous Reform", in *Facts and Comments*, Williams & Norgate, London, 1902, pp. 29~34.

만취를 금지하려는 입법을 크게 옹호하는 일이 이어졌다. 이 예를 상기시키는 이유는 우리 고조할아버지들의 폭음이 얼마나 심했는지를 보여주는 증거가 조금 발견되었기 때문이다. 시골집 서재의 선반에 있는 주교 관구 총서 중 한 권에서 나는 인용문을 발견하였는데, 그것은 서식스 주의 한 마을에 사는 포목상 토마스 터너가 쓴 일기에서 발췌한 것이었다. 그가 기재한 내용을 보면, 그가 훌륭한 문학책의 독자인 동시에 종교적인 사람이었음을 알 수 있다. 편집자는 그에 대해 말한다.

"토요일 밤에 술을 너무 많이 마시지 않았으면 그는 일요일에 교회를 간다. 그는 언제나 설교에 대해 비평한다. … 그러나 그는 잘못했지만, 음주벽에 관해서는 대다수 이웃보다 훨씬 더 잘못한 것 같지는 않다. 그들이 사업 때문에 만났든 놀려고 만났든 간에, 결과는 보통 그 만남이 취한 상태에서 끝났다는 것이었다."

터너 씨의 고백 일부가 여기 있다.

"1756년 4월 21일. 회계 사무실에 갔는데, 취해서 돌아왔다. … 11월 25일. 로턴 교구의 보좌 신부가 가게에 왔다. … 그는 또한 오후까지 머물렀는데, 마침내 술에 취했다. 나도 그와 어울리려고 주는 대로 마셨기 때문에, 나 역시 상당히 취했다. 교구 목사 포터 씨와 그의 아내를 포함한 15명의 한 무리가 오후 4시에 모였다. … 저녁을 먹은 다음에는 … 따라주는 대로 계속 마셨다. 새벽 세 시쯤 그는 집에 갔지만 비틀거리지는 않았다. 두 시간 후에 사람들이 그의 아내를 데리고 갔다. 그후 교구 목사의 아내인 포터 부인이 부추겨서, 술자리가 다음날 아침 다시 벌어졌다. 일요일에 포터 씨가 설교하였는데, 이 설교는 내가 여태까지 들었던 것 중에서 가장 훌륭했다. 그것은 욕하는 것을 반대하는 설교였다. 며칠 후 바로 그 같은 무리가 포터 씨의 집에 모였다. '우리는 말처럼 계속 마셨고 또 우리 중의 많은 이들이 매우 취할 때까지 계속 노래를 불렀다'라고 그는 말하고 있다."

또 하나의 발췌문은 이러한 관행이 지닌 사회적 제재나 그 이상의 것을 교육적인 방식으로 보여주고 있다. 일기를 쓴 사람은 자신이 초대받은 사실을 언급하며 다음과 같이 썼다.

"'만약 간다면, 나는 그들이 원하는 대로 마셔야 한다. 그렇게 하지 않으면 나는 형편없고 유별난 놈이라고 불릴 것이다. 집에 머무른다면, 나는 형편없고 거만하며 성질이 고약한 가증스러운 놈으로 낙인찍힐 것이다.'… 그래서 그는 가기로 마음먹었다. … '빠져나오기 전에,─모임에는 취하지 않은 사람이 한 사람도 없었다고 나는 생각한다.'"

일기를 쓴 또 한 사람은 월터 게인 씨인데, 그는 교장 선생님이다. 그 역시 비슷한 고백을 하고 있다. 그 밖의 세부적인 내용들은 일반적인 사회 전체에 걸쳐 이러한 풍기 문란이 곳곳에 퍼져나갔다는 것을 보여준다. 따라서 『헤브리디스 제도 여행』[2])에 들어있는 한 구절을 신뢰할 수 있다. 그 구절은 다른 증거가 없기 때문에 믿을 수 없을 것 같았지만 말이다.

"우리가 우리 조상보다 술을 적게 마시는 이유는 에일[3])에서

---

[2]) 『헤브리디스 제도 여행 Tour to the Hebrides』: 영국의 전기 작가 제임스 보즈웰James Boswell(1740~95)이 쓴 여행 기록(1785). 헤브리디스 제도는 스코틀랜드 서쪽 대서양에 있는 500여 개의 섬을 말한다.
[3]) 에일ale: 맥주의 일종. 주로 병이나 캔으로 판다.

와인으로 바뀐 것 때문이라고 존슨 박사는 보았다. 내 기억으로는 리치필드의 모든 점잖은 사람들이 매일 밤 취했는데, 그래도 사람들은 그들이 아주 잘못했다고는 생각지 않았다"

이러한 진술은 많이 에누리해서 들어야 하지만, 이처럼 일반적으로 술 마시는 버릇이 놀랍게도 확고했다고 우리는 결론짓지 않으면 안 된다.

무엇이 그 후 일어난 변화를 만들어냈는가? 입법도 아니고 단호한 제지도 아니고 강제도 아니다. 개선은 다른 사회적 개선과 함께 자연적인 원인에서 서서히 일어났다. 자연의 치유력 $^{vis\ medicatrix\ naturae}$이 작용하였다. 그러나 이 중대한 사실뿐만 아니라 비슷한 함의를 지닌 그 밖의 사실들도 우리의 선동가들은 무시하고 있다. 그들은 사람들의 일상 활동에서 생겨나는 진화 과정을 인정하지 않는다. 그렇지만 아침부터 밤까지 그들에게 강한 인상을 주는 사실들은 이것을 무수히 보여준다. 그들이 사는 집, 그들의 가구, 옷, 연료, 식량, 이 모든 것은 서로의 필수품을 공급하는 시민들의 자발적인 노력에 의해 생겨났다. 그들이 돌아다니는 목초지와 옥수수밭은 원래 황무지와 습지였는데, 개인 사업에 의해 바뀌었다. 도로, 철도, 기차, 전신은 이익이나 생계를 위한 욕망에 의해 부추겨진 연합된 노력의 산물이다. 그들이 지나가는 마을이나 도시는 사적인 행위에 기인하는 진보를 나타낸다. 이런저런 제조업에 몰두하는 지역은 단지 생계 소득을 추구한 사람들 때문에 그렇게 된 것이다. 거대한 창고와 소매점이 길을 따라 늘어섰으며, 모든 곳에 수많은 종류의 상품을 나르는 엄청난 분배 조직은 누군가의 계획 없이 생겨났다. 시장이 설치된 크고 작은 시는―장래를 대비한 깊은 생각 없이―주기적인 교환의 장소가 되었다. 반면에 고급품이나 대규모 상품의 거래소는 런던에 자리를 잡았는데, 이 런던에서는 시시각각 세계의 맥박을 느낄 수 있다. 또한 자발적인 협동에 의해 저 거대한 상선대(범선과 증기선)가 발달하였다. 이것은 사람들을 모든 곳에 데려다주고, 상품을 모든 곳에서 가져온다. 마찬가지로 우리는 해저 전신 연결망에 대해서도 사적인 개인들의 연합 행위에 빚지고 있다. 현재 보편적인 의식 같은 것이 확립된 것은 그 연결망 덕분이다. 이 모든 것은 정부가 만들어낸 것이 아니다. 만일 우리가 그것들의 발달을 이끈 과학이 어떻게 생겨났는가를 묻는다면, 우리는 그것의 기원이 정부가 아니었다는 사실을 발견한다. 만일 우리가 은연 중에 한 무수한 발명들이 모두 어디에서 비롯되었는가를 묻는다면, 그 대답은 그것들의 기원도 역시 정부가 아니었다는 것이다. 일간지, 주간지, 월간지에 대해서도, 우리는 여전히 정부가 만들어낸 것이 아니라고 말해야 한다. 계속 출간되는 책들의 홍수, 예술품—다양하게 발전하는 음악, 회화, 조각—그리고 휴식 시간을 채워주는 오락 등의 경우도 마찬가지이다. 사회라는 이 거대한 조직은—우리는 개별적으로 이 조직의 생명에 도움을 주고 있으며 또 이 조직은 우리의 욕구를 충족시켜 생활을 가능하게 한다—그 욕구를 전하는 언어와 마찬가지로 자연스럽게 발달한 산물이다. 국가의 권위도 왕이나 자문 위원회도 후자를 만들어내지 않은 것처럼 전자를 만들어내지 않았다. 위인과 그의 업적에 대한 칼라일[4]의 우스꽝스러운 이론은 오랜 세월을 통해 진행되어온 사회의 구조와 기능의 이러한 발생을 완전히 무시한다. 이 이론은 자기 세대의 행동을 변화시키는 통치자의 행위를 큰 정치 통일체 자체의 진화와 혼동한다. 그렇기 때문에 이 이론에서는 그의 세대의 행동이 이 정치 통일체의 부수적인 사건에 불과하

---

4) 토머스 칼라일Thomas Carlyle: 영국의 철학자이자 역사가(1795~1881). 영웅은 우주의 질서를 깨닫고 성실로써 대응하는 용기 있는 사람이라고 주장하면서 영웅 숭배론을 제창하였다.

다. 그것은 마치 아이가—정원사가 나무에서 여기에서는 가지를 쳐내고 저기에서는 작은 부분으로 잘라내는 것을 처음 보고는—눈에 보이는 단 한 명의 행위자인 정원사를 나무 전체의 창조자로 여기는 것과 같다. 하지만 이것은 태양과 비, 공기와 땅 등의 작용에 대해서는 아무것도 모르는 것이다. 발달하지 않은 지능은, 느리고 소리가 없으며 눈에 보이지 않는 원인이 만들어낸 결과를 인식하지 못한다.

우리가 오늘날 보는 바와 같은 교육과 문화는 이러한 무능을 줄이는 일은 하지 않고, 오히려 그 무능을 키우는 경향이 있다. 젊은이들이 주로 관심을 갖는 '인문학'은—그것이 언어학 이외의 것인 한—인물과 관계가 있다. 신과 영웅, 위대한 지도자들의 전통적인 활동이나 그들의 정복 다음에는 시인, 역사가와 철학자가 만들어낸 저작물들이 온다. 그리고 이전 시대의 연구가 나중 시대의 연구에 의해 보충되면서, 우리는 소위 역사가 왕들의 전기, 그들의 갈등에 대한 이야기, 그들의 가신이나 하인의 말다툼과 음모로 이루어졌음을 깨닫는다. 최근까지 보편적으로 유행한 교육 과정을 거친 사람의 의식 속에는, 자연적인 인과관계가 있을 자리가 없다. 그 대신 상대적인 의미에서 인위적인 인과 관계―이런저런 개인적인 의지에 따라 작용한 힘에 의한 인과 관계―에 대한 생각만 있다. 관리들이 만들어낸 작은 변화는 사람들이 분명하게 인식한다. 그러나 관청으로부터 지시받지 않은 일상적인 과정을 통해 만들어진 저 거대한 변화에 대해서는 이해가 없다. 그래서 사회는 만들어내는 것이지 진화하는 것이 아니라는 관념은 일반적인 정치적 사고를 해친다. 나에게 텍스트로 사용된 경우처럼 이러한 관념은 강제에 의해서만 이익이 획득될 수 있다는 믿음에 이른다. 해악이 보이는가? 그러면 그것은 법으로 억제되어야 한다. 사람들이 좋은 것을 제안하는가? 그러면 그것을 의회의 법령으로 얻도록 하라.

이른비 씨 뿌리는 시기에 내리는 비를 말하며, 마른 땅을 적시는 비처럼
인간의 정신과 마음을 풍요롭게 하는 책을 만듭니다.

THE LIMITS OF STATE DUTIES
국가 의무의 한계

1판 1쇄 발행일 2021년 5월 20일

지은이 허버트 스펜서
옮긴이 이상률

펴낸이 박희진 **펴낸곳** 이른비
등록 제2020-000136호(2014. 9. 3)
주소 10517 경기도 고양시 덕양구 행신로 143번길 26, 1층
전화 031) 979-2996 **팩스** 031) 979-0311
이메일 ireunbibooks@naver.com

ISBN 979-11-970148-2-6 03300

책값은 뒤표지에 있습니다.
파본은 구입하신 서점에서 바꾸어드립니다.
무단 전재와 복제를 금합니다.